Todos los libros de Linkgua Ediciones cuentan con modelos de Inteligencia Artificial entrenados por hispanistas. Pregúntale al chat de tu libro lo que desees acerca de la obra o su autor/a.

Para **ebooks**: Accede a nuestro modelo de IA a través de este enlace.

Para **libros impresos**: Escanea el código QR de la portada con tu dispositivo móvil.

Obtén análisis detallados de nuestros libros, resúmenes, respuestas a tus preguntas y accede a nuestras ediciones críticas generativas para una experiencia de lectura más enriquecedora.
La transparencia y el respeto hacia la autoría de las fuentes utilizadas son distintivos básicos de nuestro proyecto. Por ello, las respuestas ofrecen, mediante un sistema de citas, las fuentes con las que han sido elaboradas.

Autores varios

Constitución de Honduras de 1982

Barcelona 2024
Linkgua-ediciones.com

Créditos

Título original: Constitución de Honduras.

© 2024, Red ediciones S.L.

e-mail: info@linkgua.com

Diseño de cubierta: Michel Mallard.

ISBN tapa dura: 978-84-9953-692-7.
ISBN ebook: 978-84-9897-153-8.

Sumario

Créditos   4

Constitución de Honduras de 1982   9
    Preámbulo   9

Título I. Del Estado   11
    Capítulo I. De la organización del Estado   11
    Capítulo II. Del territorio   12
    Capítulo III. De los tratados   15

Título II. De la nacionalidad y ciudadanía   17
    Capítulo I. De los hondureños   17
    Capítulo II. De los extranjeros   19
    Capítulo III. De los ciudadanos   20
    Capítulo IV. Del sufragio y los partidos políticos 22
    Capítulo V. De la función electoral   23

Título III. De las declaraciones, derechos y garantías   27
    Capítulo I. De las declaraciones   27
    Capítulo II. De los derechos individuales   28
    Capítulo III. De los derechos sociales   37
    Capítulo IV. De los derechos del niño   38
    Capítulo V. Del trabajo   40
    Capítulo VI. De la seguridad social   46
    Capítulo VII. De la salud   47
    Capítulo VIII. De la educación y cultura   48
    Capítulo IX. De la vivienda   53

Título IV. De las garantías constitucionales   55

Capítulo I. Del Habeas Corpus y el amparo   55

Capítulo II. De la inconstitucionalidad y la revisión   56

Capítulo III. De la restricción o la suspensión de derechos   57

Título V. De los poderes del Estado   59

Capítulo I. Del Poder Legislativo   59

Capítulo II. De la formación, sanción y promulgación de la Ley   70

Capítulo III. De la Contraloría General de la República   73

Capítulo IV. De la Procuraduría General de la República   76

Capítulo V. De la Dirección de Probidad Administrativa   77

Capítulo VI. Del Poder Ejecutivo   78

Capítulo VII. De las Secretarías de Estado   85

Capítulo VIII. Del Servicio Civil   88

Capítulo IX. De las instituciones descentralizadas   89

Capítulo X. De las Fuerzas Armadas   92

Capítulo XI. Del régimen departamental y municipal   97

Capítulo XII. Del Poder Judicial   98

Capítulo XIII. De la responsabilidad del Estado y de sus servidores   103

Título VI. Del Régimen Económico   107

Capítulo I. Del Sistema Económico   107

Capítulo II. De la moneda y la banca   110

Capítulo III. De la Reforma Agraria   110

Capítulo IV. Del Régimen Financiero   112

Capítulo V. De la Hacienda Pública   112

Capítulo VI. Del presupuesto   114

Título VII. De la reforma y la inviolabilidad de la Constitución   119

Capítulo I. De la reforma de la Constitución   119

Capítulo II. de la inviolabilidad de la Constitución   119

Título VIII. De las Disposiciones transitorias y de vigencia de la Constitución   121

Capítulo I. De las Disposiciones transitorias   121

Capítulo II. De la vigencia de la Constitución   121

Libros a la carta   135

Constitución de Honduras de 1982

Decreto N.º 131

Preámbulo

Nosotros, diputados electos por la voluntad soberana del pueblo hondureño, reunidos en Asamblea Nacional Constituyente, invocando la protección de Dios y el ejemplo de nuestros próceres, con nuestra fe puesta en la restauración de la unión centroamericana e interpretando fielmente las aspiraciones del pueblo que nos confirió su mandato, decretamos y sancionamos la presente Constitución para que fortalezca y perpetúe un estado de derecho que asegure una sociedad pública, económica y socialmente justa que afirme la nacionalidad y propicie las condiciones para la plena realización del hombre, como persona humana, dentro de la justicia, la libertad, la seguridad, la estabilidad, el pluralismo, la paz, la democracia representativa y el bien común.

Título I. Del Estado

Capítulo I. De la organización del Estado

Artículo 1. Honduras es un Estado de Derecho, soberano, constituido como república libre, democrática e independiente para asegurar a sus habitantes el goce de la justicia, la libertad, la cultura y el bienestar económico y social.

Artículo 2. La soberanía corresponde al pueblo del cual emanan todos los poderes del Estado que se ejercen por representación. La suplantación de la soberanía popular y la usurpación de los poderes constituidos se tipifican como delitos de traición a la Patria. La responsabilidad en estos casos es imprescriptible y podrá ser deducida de oficio o a petición de cualquier ciudadano.

Artículo 3. Nadie debe obediencia a un gobierno usurpador ni a quienes asuman funciones o empleos públicos por la fuerza de las armas o usando medios o procedimientos que quebranten o desconozcan lo que esta Constitución y las leyes establecen. Los actos verificados por tales autoridades son nulos. El pueblo tiene derecho a recurrir a la insurrección en defensa del orden constitucional.

Artículo 4. La forma de gobierno es republicana, democrática y representativa. Se ejerce por tres poderes: Legislativo, Ejecutivo y Judicial, complementarios e independientes y sin relaciones de subordinación.

La alternabilidad en el ejercicio de la Presidencia de la República es obligatoria. La infracción de esta norma constituye delito de traición a la Patria.

Artículo 5. El gobierno debe sustentarse en el principio de la democracia participativa, del cual se deriva la integración nacional, que implica participación de todos los sectores políticos en la administración pública a fin de asegurar y fortalecer el progreso de Honduras basado en la estabilidad política y en la conciliación nacional.

Artículo 6. El idioma oficial de Honduras es el español. El Estado protegerá su pureza e incrementará su enseñanza.

Artículo 7. Son símbolos nacionales: La Bandera, el Escudo y el Himno.
La Ley establecerá sus características y regulará su uso.

Artículo 8. Las ciudades de Tegucigalpa y Comayaguela, conjuntamente, constituyen la capital de la República.

Capítulo II. Del territorio

Artículo 9. El territorio de Honduras está comprendido entre los Océanos Atlántico y Pacífico y las repúblicas de: Guatemala, El Salvador y Nicaragua. Sus límites con estas repúblicas son:
1. Con la República de Guatemala los fijados por la sentencia arbitral emitida en Washington, D.C., Estados Unidos de América, el veintitrés de enero de mil novecientos treinta y tres.

2. Con la República de Nicaragua, los establecidos por la Comisión Mixta de Límites hondureño-nicaragüense en los años de mil novecientos y mil novecientos uno, según descripciones de la primera **Sección** de la línea divisoria, que figura en el acta segunda de doce de junio de mil novecientos y en las posteriores, hasta el Portillo de Teotecacinte y de este lugar hasta el Océano Atlántico conforme al laudo arbitral dictado por su Majestad el Rey de España, Alfonso XIII, el veintitrés de diciembre de mil novecientos seis cuya validez fue declarada por la Corte Internacional de Justicia en sentencia de dieciocho de noviembre de mil novecientos sesenta.

3. Con la República de El Salvador los establecidos en los **Artículos** dieciséis y diecisiete del Tratado General de Paz suscrito en Lima, Perú el treinta de octubre de mil novecientos ochenta, cuyos instrumentos de ratificación fueron canjeados en Tegucigalpa, Distrito Central, Honduras, el diez de diciembre de mil novecientos ochenta. En las sesiones pendientes de delimitación se estará a lo dispuesto en los artículos aplicables del Tratado de referencia.

Artículo 10. Pertenecen a Honduras los territorios situados en tierra firme dentro de sus límites territoriales, aguas interiores y las islas, islotes y cayos en el Golfo de Fonseca que histórica, geográfica y jurídicamente le corresponden, así como las Islas de la Bahía, las Islas del Cisne (Swan Islands) llamadas también Santanilla o Santillana, Viciosas, Misteriosas; y los cayos Zapotillos, Cochinos, Vivorillos Seal o Foca (o Becerro), Caratasca, Cajones o Habbies, Mayores de Cabo Falso, Cocorocuma, Palo de Campeche, Los Bajos, Pinchones, Media Luna, Gorda y los Bancos Salmedina, Providencia, De Coral, Cabo Falso, Rosalinda y Serranilla, y los demás situados en el Atlántico que histórica, geográfica y jurídicamente le corresponden.

El Golfo de Fonseca podrá sujetarse a un régimen especial.

Artículo 11. También pertenecen al Estado de Honduras:

1. El mar territorial, cuya anchura es de doce millas marinas medidas desde la línea de más baja marea a lo largo de la costa;

2. La zona contigua a su mar territorial, que se extiende hasta las veinticuatro millas marinas, contadas desde la línea de base desde la cual se mide la anchura del mar territorial;

3. La zona económica exclusiva, que se extiende hasta una distancia de doscientas millas marinas medidas a partir de la línea de base desde la cual se mide la anchura del mar territorial;

4. La plataforma continental, que comprenda el lecho y el subsuelo de zonas submarinas, que se extiende más allá de su mar territorial y a todo lo largo de la prolongación natural de su territorio hasta el borde exterior del margen continental, o bien hasta una distancia de doscientas millas marinas desde la línea de base, desde las cuales se mide la anchura del mar territorial en los casos en que el borde exterior del margen continental no llegue a esa distancia; y,

5. En cuanto al Océano Pacífico, las anteriores medidas se contarán a partir de la línea de cierre de la bocana del Golfo de Fonseca, hacia el alta mar.

Artículo 12. El Estado ejerce soberanía y jurisdicción en el espacio aéreo y en el subsuelo de su territorio continental e insular, mar territorial, zona contigua, zona económica exclusiva y plataforma continental.

La presente declaración de soberanía no desconoce legítimos derechos similares de otros Estados sobre la base de reciprocidad ni afecta los derechos de libre navegación de todas las naciones conforme al derecho internacional ni el cumplimiento de los tratados o convenciones ratificados por la República.

Artículo 13. En los casos a que se refieren los artículos anteriores, el dominio del Estado es inalienable e imprescriptible.

Artículo 14. Los Estados extranjeros solo podrán adquirir en el territorio de la República, sobre bases de reciprocidad, los inmuebles necesarios para sede de sus representaciones diplomáticas, sin perjuicio de lo que establezcan los tratados internacionales.

Capítulo III. De los tratados

Artículo 15. Honduras hace suyos los principios y prácticas del derecho internacional que propenden a la solidaridad humana, al respeto de la autodeterminación de los pueblos, a la no intervención y al afianzamiento de la paz y la democracia universales.

Honduras proclama como ineludible la validez y obligatoria ejecución de las sentencias arbitrales y judiciales de carácter internacional.

Artículo 16. Todos los tratados internacionales deben ser aprobados por el Congreso Nacional antes de su ratificación por el Poder Ejecutivo.

Los tratados internacionales celebrados por Honduras con otros estados, una vez que entran en vigor, forman parte del derecho interno.

Artículo 17. Cuando un tratado internacional afecte una disposición constitucional, debe ser aprobado por el mismo procedimiento que rige la reforma de la Constitución antes de ser ratificado por el Poder Ejecutivo.

Artículo 18. En caso de conflicto entre el tratado o convención y la Ley, prevalecerá el primero.

Artículo 19. Ninguna autoridad puede celebrar o ratificar tratados u otorgar concesiones que lesionen la integridad territorial, la soberanía e independencia de la República.

Quien los haga será juzgado por el delito de traición a la Patria. La responsabilidad de este caso es imprescriptible.

Artículo 20. Cualquier tratado o convención que celebre el Poder Ejecutivo referente al territorio nacional, requerirá la aprobación del Congreso Nacional por votación no menor de tres cuartas partes de la totalidad de sus miembros.

Artículo 21. El Poder Ejecutivo puede, sobre materias de su exclusiva competencia, celebrar o ratificar convenios internacionales con estados extranjeros u organizaciones internacionales o adherirse a ellos sin el requisito previo de la aprobación del Congreso, al que deberá informar inmediatamente.

Título II. De la nacionalidad y ciudadanía

Capítulo I. De los hondureños

Artículo 22. La nacionalidad hondureña se adquiere por nacimiento y por naturalización.

Artículo 23. Son hondureños por nacimiento:

1. Los nacidos en el territorio nacional, con excepción de los hijos de los agentes diplomáticos.

2. Los nacidos en el extranjero de padre o madre hondureños por nacimiento.

3. Los nacidos a bordo de embarcaciones o aeronaves de guerra hondureñas, y los nacidos en naves mercantes que se encuentren en aguas territoriales de Honduras; y,

4. El infante de padres ignorados encontrado en el territorio de Honduras.

Artículo 24. Son hondureños por naturalización:

1. Los centroamericanos por nacimiento que tengan un año de residencia en el país;

2. Los españoles e iberoamericanos por nacimiento que tengan dos años consecutivos de residencia en el país;

3. Los demás extranjeros que hayan residido en el país más de tres años consecutivos;

4. Los que obtengan carta de naturalización decretada por el Congreso Nacional por servicios extraordinarios prestados a Honduras;

5. Los inmigrantes que formando parte de grupos seleccionados traídos por el gobierno para fines científicos, agrícolas

e industriales después de un año de residir en el país llenen los requisitos de Ley; y,

6. La persona extranjera casada con hondureño por nacimiento.

En los casos a que se refieren los numerales 1, 2, 3, 5 y 6 el solicitante debe renunciar previamente a su nacionalidad y manifestar su deseo de optar la nacionalidad hondureña ante la autoridad competente.

Cuando exista tratado de doble nacionalidad, el hondureño que optare por nacionalidad extranjera, no perderá la hondureña.

En iguales circunstancias no se le exigirá al extranjero que renuncie a su nacionalidad de origen.

Artículo 25. Mientras resida en Honduras ningún hondureño por nacimiento podrá invocar nacionalidad distinta de la hondureña.

Artículo 26. Ningún hondureño naturalizado podrá desempeñar en su país de origen, funciones oficiales en representación de Honduras.

Artículo 27. Ni el matrimonio ni su disolución afectan la nacionalidad de los cónyuges o de sus hijos.

Artículo 28. La nacionalidad hondureña se pierde:
1. Por naturalización en país extranjero; y,
2. Por cancelación de la carta de naturalización, de conformidad con la Ley.

Artículo 29. La nacionalidad hondureña por nacimiento se recupera, cuando el que la hubiere perdido se domicilie en el territorio de la República y declare su voluntad de recuperarla.

Capítulo II. De los extranjeros

Artículo 30. Los extranjeros están obligados desde su ingreso al territorio nacional a respetar las autoridades y a cumplir las leyes.

Artículo 31. Los extranjeros gozan de los mismos derechos civiles de los hondureños con las restricciones que por razones calificadas de orden público, seguridad, interés o conveniencia social establecen las leyes.

Los extranjeros, también están sujetos a los mismos tributos ordinarios y extraordinarios de carácter general a que están obligados los hondureños de conformidad con la Ley.

Artículo 32. Los extranjeros no podrán desarrollar en el país actividades políticas de carácter nacional ni internacional, bajo pena de ser sancionados de conformidad con la Ley.

Artículo 33. Los extranjeros no podrán hacer reclamaciones ni exigir indemnización alguna del Estado sino en la forma y en los casos en que pudieren hacerlo los hondureños.

No podrán recurrir a la vía diplomática sino en los casos de denegación de justicia. Para este efecto no se entenderá por denegación de justicia que un fallo sea desfavorable al reclamante. Los que contravinieren esta disposición perderán el derecho de habitar en el país.

Artículo 34. Los extranjeros solamente podrán, dentro de los límites que establezca la Ley, desempeñar empleos en la enseñanza de las ciencias y de las artes y prestar al Estado servicios técnicos o de asesoramiento, cuando no haya hondureños que puedan desempeñar dichos empleos o prestar tales servicios.

Artículo 35. La inmigración estará condicionada a los intereses sociales, políticos, económicos y demográficos del país.

La Ley establecerá los requisitos, cuotas y condiciones para el ingreso de los inmigrantes al país, así como las prohibiciones, limitaciones y sanciones a que estarán sujetos los extranjeros.

Capítulo III. De los ciudadanos

Artículo 36. Son ciudadanos todos los hondureños mayores de dieciocho años.

Artículo 37. Son derechos del ciudadano:
1. Elegir y ser electo;
2. Optar a cargos públicos;
3. Asociarse para constituir partidos políticos; ingresar o renunciar a ellos; y,
4. Los demás que le reconocen esta Constitución y las Leyes.

Los ciudadanos de alta en las Fuerzas Armadas y Cuerpos de Seguridad del Estado no podrán ejercer el sufragio, pero sí serán elegibles en los casos no prohibidos por la Ley.

Artículo 38. Todo hondureño está obligado a defender la Patria, respetar las autoridades y contribuir al sostenimiento moral y material de la nación.

Artículo 39. Todo hondureño deberá ser inscrito en el Registro Nacional de las Personas.

Artículo 40. Son deberes del ciudadano:

1. Cumplir, defender y velar porque se cumplan la Constitución y las leyes;

2. Obtener su Tarjeta de Identidad;

3. Ejercer el sufragio;

4. Desempeñar, salvo excusa o renuncia con causa justificada, los cargos de elección popular;

5. Cumplir con el servicio militar; y,

6. Las demás que establezcan la Constitución y las leyes.

Artículo 41. La calidad del ciudadano se suspende:

1. Por auto de prisión decretado por delito que merezca pena mayor;

2. Por sentencia condenatoria firme, dictada por causa de delito; y,

3. Por interdicción judicial.

Artículo 42. La calidad de ciudadano se pierde:

1. Por prestar servicios en tiempo de guerra a enemigos de Honduras o de sus aliados;

2. Por prestar ayuda en contra del Estado de Honduras, a un extranjero o a un gobierno extranjero en cualquier reclamación diplomática o ante un tribunal internacional;

3. Por desempeñar en el país, sin licencia del Congreso Nacional, empleo de nación extranjera, del ramo militar o de carácter político;

4. Por coartar la libertad de sufragio, adulterar documentos electores o emplear medios fraudulentos para burlar la voluntad popular;

5. Por incitar, promover o apoyar el continuismo o la reelección del presidente de la República; y,

6. Por residir los hondureños naturalizados, por más de dos años consecutivos, en el extranjero, sin previa autorización del Poder Ejecutivo.

En los casos a que se refieren los numerales 1) y 2) la declaración de la pérdida de la ciudadanía la hará el Congreso Nacional mediante expediente circunstanciado que se forme al efecto. Para los casos de los numerales 3) y 6), dicha declaración la hará el Poder Ejecutivo mediante acuerdo gubernativo; y para los casos de los incisos 4) y 5) también por acuerdo gubernativo, previa sentencia condenatoria dictada por los tribunales competentes.

Artículo 43. La calidad de ciudadano se restablece:
1. Por sobreseimiento definitivo confirmado;
2. Por sentencia firme absolutoria;
3. Por amnistía o por indulto, y,
4. Por cumplimiento de la pena.

Capítulo IV. Del sufragio y los partidos políticos

Artículo 44. El sufragio es un derecho y una función pública.
El voto es universal, obligatorio, igualitario, directo, libre y secreto.

Artículo 45. Se declara punible todo acto por el cual se prohiba o limite la participación del ciudadano en la vida política del país.

Artículo 46. Se adopta el sistema de representación proporcional o por mayoría en los casos que determine la Ley, para declarar electos en sus cargos a los candidatos de elección popular.

Artículo 47. Los partidos políticos legalmente inscritos son instituciones de derecho público, cuya existencia y libre funcionamiento garantiza esta Constitución y la Ley, para lograr la efectiva participación política de los ciudadanos.

Artículo 48. Se prohibe a los partidos políticos atentar contra el sistema republicano, democrático y representativo de gobierno.

Artículo 49. El Estado contribuirá a financiar los gastos de los partidos políticos, de conformidad con la Ley.

Artículo 50. Los partidos políticos no podrán recibir subvenciones o subsidios de gobiernos, organizaciones o instituciones extranjeras.

Capítulo V. De la función electoral

Artículo 51. Para todo lo relacionado con los actos y procedimientos electorales habrá un Tribunal Nacional de Elecciones, autónomo e independiente, con jurisdicción y competencia en toda la República, cuya organización y funcionamiento serán establecidos por esta Constitución y la Ley, las que fijarán igualmente lo relativo a los demás organismos electorales.

Artículo 52. La integración del Tribunal Nacional de Elecciones se hará mediante nombramiento emitido por el Poder Ejecutivo, por medio de la Secretaría de Gobernación y Justicia, en la forma siguiente:

1. Un propietario y un suplente designados por la Corte Suprema de Justicia.

2. Un propietario y un suplente designados por cada uno de los partidos políticos legalmente inscritos.

Si por razón de variar el número de partidos con derecho a designar miembro del Tribunal Nacional de Elecciones, el pleno de este quedare constituido por un número par, el Poder Ejecutivo, previa designación de la Corte Suprema de Justicia, nombrará de inmediato un miembro adicional, en forma tal que el total de los miembros sea siempre impar.

Artículo 53. La presidencia del Tribunal Nacional de Elecciones será ejercida durante un año, y en forma rotativa, por cada uno de los miembros propietarios que lo integran.

Artículo 54. Crease el Registro Nacional de las Personas como un organismo del Estado, con asiento en la capital de la República, jurisdicción en todo el territorio nacional, dependiente del Tribunal Nacional de Elecciones, el cual nombrará a su director y subdirector.

Artículo 55. El Registro Nacional de las Personas además de las funciones que le señala la Ley Especial, será el organismo estatal encargado del Registro Civil, de extender la Tarjeta de Identidad única a todos los hondureños, y de elaborar de oficio y en forma exclusiva el Censo Nacional Electoral.

Artículo 56. El Censo Nacional Electoral es público, permanente e inalterable. La inscripción de los ciudadanos, así como las modificaciones ocurridas por muerte, cambio de vecindario, suspensión, pérdida o restablecimiento de la ciudadanía, se verificará en los plazos y con las modalidades que determine la Ley.

Artículo 57. La acción penal por los delitos electorales establecidos por la Ley es pública y prescribe en cuatro años.

Artículo 58. La justicia ordinaria, sin distinción de fueros, conocerá de los delitos y faltas electorales.

Título III. De las declaraciones, derechos y garantías

Capítulo I. De las declaraciones

Artículo 59. La persona humana es el fin supremo de la sociedad y del Estado. Todos tienen la obligación de respetarla y protegerla.

La dignidad del ser humano es inviolable.

Artículo 60. Todos los hombres nacen libres e iguales en derechos.

En Honduras no hay clases privilegiadas. Todos los hondureños son iguales ante la Ley.

Se declara punible toda discriminación por motivo de sexo, raza, clase y cualquier otra lesiva a la dignidad humana.

La Ley establecerá los delitos y sanciones para el infractor de este precepto.

Artículo 61. La Constitución garantiza a los hondureños y extranjeros residentes en el país, el derecho a la inviolabilidad de la vida, a la seguridad individual, a la libertad, a la igualdad ante la Ley a la propiedad.

Artículo 62. Los derechos de cada hombre están limitados por los derechos de los demás, por la seguridad de todos y por las justas exigencias del bienestar general y del desenvolvimiento democrático.

Artículo 63. Las declaraciones, derechos y garantías que enumera esta Constitución, no serán entendidos como negación de otras declaraciones, derechos y garantías no especificadas, que nacen de la soberanía, de la forma republicana, democrática y representativa de gobierno y de la dignidad del hombre.

Artículo 64. No se aplicarán leyes y disposiciones gubernativas o de cualquier otro orden, que regulen el ejercicio de las declaraciones, derechos y garantías establecidas en esta Constitución, si los disminuyen, restringen o tergiversan.

Capítulo II. De los derechos individuales

Artículo 65. El derecho a la vida es inviolable.

Artículo 66. Se prohíbe la pena de muerte.

Artículo 67. Al que está por nacer se le considerará nacido para todo lo que le favorezca dentro de los límites establecidos por la Ley.

Artículo 68. Toda persona tiene derecho a que se respete su integridad física, psíquica y moral.
Nadie debe ser sometido a torturas, ni penas o tratos crueles, inhumanos o degradantes.
Toda persona privada de libertad será tratada con el respeto debido a la dignidad inherente al ser humano.

Artículo 69. La libertad personal es inviolable y solo con arreglo a las leyes podrá ser restringida o suspendida temporalmente.

Artículo 70. Todos los hondureños tienen derecho a hacer lo que no perjudique a otro y nadie estará obligado a hacer lo que no estuviere legalmente prescrito ni impedido de ejecutar lo que la Ley no prohibe.

Ninguna persona podrá hacerse justicia por sí misma, ni ejercer violencia para reclamar su derecho.

Ningún servicio personal es exigible, ni deberá prestarse gratuitamente, sino en virtud de ley o sentencia fundada en Ley.

Artículo 71. Ninguna persona puede ser detenida ni incomunicada por más de veinticuatro horas, sin ser puesta a la orden de autoridad competente para su juzgamiento.

La detención judicial para inquirir no podrá exceder de seis días contados desde el momento en que se produzca la misma.

Artículo 72. Es libre la emisión del pensamiento por cualquier medio de difusión, sin previa censura. Son responsables ante la ley los que abusen de este derecho y aquellos que por medios directos o indirectos restrinjan o impidan la comunicación y circulación de ideas y opiniones.

Artículo 73. Los talleres de impresión, las estaciones radioeléctricas, de televisión y de cualesquiera otros medios de emisión y difusión del pensamiento, así como todos sus elementos, no podrán ser decomisados ni confiscados, ni clausuradas o interrumpidas sus labores por motivo de delito o falta en las responsabilidades en que se haya incurrido por estos motivos, de conformidad con la Ley.

Ninguna empresa de difusión del pensamiento podrá recibir subvenciones de gobiernos o partidos políticos extranjeros. La ley establecerá la sanción que corresponda por la violación de este precepto.

La dirección de los periódicos impresos, radiales o televisados, y la orientación intelectual, política y administrativa de los mismos, será ejercida exclusivamente por hondureños por nacimiento.

Artículo 74. No se puede restringir el derecho de emisión del pensamiento por vías o medios indirectos tales como el abuso de controles oficiales o particulares del material usado para la impresión de periódicos; de las frecuencias o de enseres o aparatos usados para difundir la información.

Artículo 75. La Ley que regule la emisión del pensamiento, podrá establecer censura previa, para proteger los valores éticos y culturales de la sociedad, así como los derechos de las personas, especialmente de la infancia, de la adolescencia y de la juventud.

La propaganda comercial de bebidas alcohólicas y consumo de tabaco será regulada por la Ley.

Artículo 76. Se garantiza el derecho al honor, a la intimidad personal, familiar y a la propia imagen.

Artículo 77. Se garantiza el libre ejercicio de todas las religiones y cultos sin preeminencia alguna, siempre que no contravengan las leyes y el orden público.

Los ministros de las diversas religiones no podrán ejercer cargos públicos ni hacer en ninguna forma propaganda política, invocando motivos de religión o valiéndose, como medio para tal fin, de las creencias religiosas del pueblo.

Artículo 78. Se garantiza las libertades de asociación y de reunión, siempre que no sean contrarias al orden público y a las buenas costumbres.

Artículo 79. Toda persona tiene derecho de reunirse con otras, pacíficamente y sin armas, en manifestación pública o en asamblea transitoria, en relación con sus intereses comunes de cualquier índole, sin necesidad de aviso o permiso especial.

Las reuniones al aire libre y las de carácter político podrán ser sujetas a un régimen de permiso especial con el único fin de garantizar el orden público.

Artículo 80. Toda persona o asociación de personas tiene el derecho de presentar peticiones a las autoridades ya sea por motivos de interés particular o general y de obtener pronta respuesta en el plazo legal.

Artículo 81. Toda persona tiene derecho a circular libremente, salir, entrar y permanecer en el territorio nacional.

Nadie puede ser obligado a mudar de domicilio o residencia, sino en los casos especiales y con los requisitos que la Ley señala.

Artículo 82. El derecho de defensa es inviolable.

Los habitantes de la República tienen libre acceso a los tribunales para ejercitar sus acciones en la forma que señalan las leyes.

Artículo 83. Corresponde al Estado nombrar procuradores para la defensa de los pobres y para que velen por las personas e intereses de los menores e incapaces. Darán a ellos asistencia legal y los representarán judicialmente en la defensa de su libertad individual y demás derechos.

Artículo 84. Nadie podrá ser arrestado o detenido sino en virtud de mandato escrito de autoridad competente, expedido con las formalidades legales y por motivo previamente establecido en la Ley.

No obstante, el delincuente in-fraganti puede ser aprehendido por cualquier persona para el único efecto de entregarlo a la autoridad.

El arrestado o detenido debe ser informado en el acto y con toda claridad de sus derechos y de los hechos que se le imputan; y además, la autoridad debe permitirle comunicar su detención a un pariente o persona de su elección.

Artículo 85. Ninguna persona puede ser detenida o presa sino en los lugares que determine la Ley.

Artículo 86. Toda persona sometida a juicio, que se encuentre detenida, tiene derecho a permanecer separada de quienes hubieren sido condenados por sentencia judicial.

Artículo 87. Las cárceles son establecimientos de seguridad y defensa social. Se procurará en ellas la rehabilitación del recluido y su preparación para el trabajo.

Artículo 88. No se ejercerá violencia ni coacción de ninguna clase sobre las personas para forzarlas a declarar.

Nadie puede ser obligado en asunto penal, disciplinario o de policía, a declarar contra sí mismo, contra su cónyuge o compañero de hogar, ni contra sus parientes dentro del cuarto grado de consanguinidad o segundo de afinidad.

Solo hará prueba la declaración rendida ante Juez competente.

Toda declaración obtenida con infracción de cualesquiera de estas disposiciones, es nula y los responsables incurrirán en las penas que establezca la Ley.

Artículo 89. Toda persona es inocente mientras no se haya declarado su responsabilidad por autoridad competente.

Artículo 90. Nadie puede ser juzgado sino por Juez o Tribunal competente con las formalidades, derechos y garantías que la Ley establece.

Se reconoce el fuero de guerra para los delitos y faltas de orden militar. En ningún caso los tribunales militares podrán extender su jurisdicción sobre personas que no estén en servicio activo en las Fuerzas Armadas.

Artículo 91. Cuando en un delito o falta de orden militar estuviere implicado un civil o no militar de baja, conocerá del caso la autoridad competente del fuero común.

Artículo 92. No podrá proveerse auto de prisión sin que preceda plena prueba de haberse cometido un crimen o simple delito que merezca la pena de privación de la libertad, y sin que resulte indicio racional de quien sea su autor.

En la misma forma se hará la declaratoria de reo.

Artículo 93. Aun con auto de prisión ninguna persona puede ser llevada a la cárcel ni detenida en ella, si otorga caución suficiente, de conformidad con la Ley.

Artículo 94. A nadie se impondrá pena alguna sin haber sido oído y vencido en juicio, y sin que le haya sido impuesta por resolución ejecutoriada de juez o autoridad competente.

En los casos de apremio y otras medidas de igual naturaleza en materia civil o laboral, así como en los de multa o arresto en materia de policía, siempre deberá ser oído el afectado.

Artículo 95. Ninguna persona será sancionada con penas no establecidas previamente en la Ley, ni podrá ser juzgada otra vez por los mismos hechos punibles que motivaron anteriores enjuiciamientos.

Artículo 96. La Ley no tiene efecto retroactivo, excepto en materia penal cuando la nueva Ley favorezca al delincuente o procesado.

Artículo 97. Nadie podrá ser condenado a penas perpetuas, infamantes, proscriptivas o confiscatorias.

Las penas restrictivas de la libertad no podrán exceder de veinte años y de treinta años las acumuladas por varios delitos.

Artículo 98. Ninguna persona podrá ser detenida, arrestada o presa por obligaciones que no provengan del delito o falta.

Artículo 99. El domicilio es inviolable. Ningún ingreso o registro podrá verificarse sin consentimiento de la persona que lo habita o resolución de autoridad competente. No obstante puede ser allanado, en caso de urgencia, para impedir la comisión o impunidad de delitos o evitar daños graves a la persona o a la propiedad.

Exceptuando los casos de urgencia, el allanamiento del domicilio no puede verificarse de las seis de la tarde a la seis de la mañana, sin incurrir en responsabilidad.

La Ley determinará los requisitos y formalidades para que tenga lugar el ingreso, registro o allanamiento, así como las responsabilidades en que pueda incurrir quien lo lleve a cabo.

Artículo 100. Toda persona tiene derecho a la inviolabilidad y al secreto de las comunicaciones, en especial de las postales, telegráficas y telefónicas, salvo resolución judicial.

Los libros y comprobantes de los comerciantes y los documentos personales, únicamente estarán sujetos a inspección o fiscalización de la autoridad competente, de conformidad con la Ley.

Las comunicaciones, los libros, comprobantes y documentos a que se refiere el presente **Artículo**, que fueren violados o sustraídos, no harán fe en juicio.

En todo caso, se guardará siempre el secreto respecto de los asuntos estrictamente privados que no tengan relación con el asunto objeto de la acción de la autoridad.

Artículo 101. Honduras reconoce el derecho de asilo en la forma y condiciones que establece la Ley.

Cuando procediere de conformidad con la Ley revocar o no otorgar el asilo, en ningún caso se expulsará al perseguido político o al asilado, al territorio del Estado que pueda reclamarlo.

El Estado no autorizará la extradición de reos por delitos políticos y comunes conexos.

Artículo 102. Ningún hondureño podrá ser expatriado ni entregado por las autoridades a un Estado extranjero.

Artículo 103. El Estado reconoce, fomenta y garantiza la existencia de la propiedad privada en su más amplio concepto de función social y sin más limitaciones que aquellas que por motivos de necesidad o de interés público establezca la Ley.

Artículo 104. El derecho de la propiedad no perjudica el dominio eminente del Estado.

Artículo 105. Se prohíbe la confiscación de bienes.

La propiedad no puede ser limitada en forma alguna por causa de delito político.

El derecho de reivindicar los bienes confiscados es imprescriptible.

Artículo 106. Nadie puede ser privado de su propiedad sino por causa de necesidad o interés público calificados por la Ley o por resolución fundada en Ley, y sin que medie previa indemnización justipreciada.

En caso de guerra o conmoción interior, no es indispensable que la indemnización sea previa, pero el pago correspondiente se hará, a más tardar, dos años después de concluido el estado de emergencia.

Artículo 107. Los terrenos del Estado, ejidales, comunales o de propiedad privada situados en la zona limítrofe a los estados vecinos, o en la litoral de ambos mares, en una extensión de cuarenta kilómetros hacia el interior del país, y los de las islas, cayos, arrecifes, escolladeros, peñones, sirtes y bancos de arena, solo podrán ser adquiridos o poseídos o tenidos a cualquier título por hondureños de nacimiento, por sociedades integradas en su totalidad por socios hondureños y por las instituciones del Estado, bajo pena de nulidad del respectivo acto o contrato.

La adquisición de bienes urbanos, comprendidos en los límites indicados en el párrafo anterior, será objeto de una legislación especial.

Se prohíbe a los registradores de la propiedad la inscripción de documentos que contravengan estas disposiciones.

Artículo 108. Todo autor, inventor, productor o comerciante gozará de la propiedad exclusiva de su obra, con arreglo a la Ley.

Artículo 109. Los impuestos no serán confiscados.

Nadie está obligado al pago de impuestos y demás tributos que no hayan sido legalmente decretados por el Congreso Nacional, en sesiones ordinarias.

Ninguna autoridad aplicará disposiciones en contravención a este precepto sin incurrir en la responsabilidad que determine la Ley.

Artículo 110. Ninguna persona natural que tenga la libre administración de sus bienes, puede ser privada del derecho de terminar sus asuntos civiles por transacción o arbitramento.

Capítulo III. De los derechos sociales

Artículo 111. La familia, el matrimonio, la maternidad y la infancia están bajo la protección del Estado.

Artículo 112. Se reconoce el derecho del hombre y de la mujer a contraer matrimonio, así como la igualdad jurídica de los cónyuges. Solo es válido el matrimonio civil celebrado ante funcionario competente y con las condiciones requeridas por la Ley. Se reconoce la unión de hecho entre las personas legalmente capaces para contraer matrimonio. La Ley señalará las condiciones para que surta los efectos del matrimonio civil.

Artículo 113. Se reconoce el divorcio como medio de disolución del vínculo matrimonial.
La Ley regulará sus causales y efectos.

Artículo 114. Todos los hijos tienen los mismos derechos y deberes.
No se reconocen calificaciones sobre la naturaleza de la filiación. En ningún registro o documento referente a la filiación se consignará declaración alguna diferenciando los nacimientos ni señalando el estado civil de los padres.

Artículo 115. Se autoriza la investigación de la paternidad. La Ley determinará el procedimiento.

Artículo 116. Se reconoce el derecho de adopción. La Ley regulará esta institución.

Artículo 117. Los ancianos merecen la protección especial del Estado.

Artículo 118. El patrimonio familiar será objeto de una legislación especial que lo proteja y fomente.

Capítulo IV. De los derechos del niño

Artículo 119. El Estado tiene la obligación de proteger a la infancia.

Los niños gozarán de la protección prevista en los acuerdos internacionales que velan por sus derechos.

Las leyes de protección a la infancia son de orden público y los establecimientos oficiales destinados a dicho fin tienen carácter de centros de asistencia social.

Artículo 120. Los menores de edad, deficientes física o mentalmente, los de conducta irregular, los huérfanos y los abandonados, están sometidos a una legislación especial de rehabilitación, vigilancia y protección según el caso.

Artículo 121. Los padres están obligados a alimentar, asistir y educar a sus hijos durante su minoría de edad, y en los demás casos en que legalmente proceda.

El Estado brindará especial protección a los menores cuyos padres o tutores estén imposibilitados económicamente para proveer a su crianza y educación.

Estos padres o tutores gozarán de preferencia, para el desempeño de cargos públicos en iguales circunstancias de idoneidad.

Artículo 122. La Ley establecerá la jurisdicción y los tribunales especiales que conocerán de los asuntos de familia y de menores.

No se permitirá el ingreso de un menor de dieciocho años a una cárcel o presidio.

Artículo 123. Todo niño deberá gozar de los beneficios de la seguridad social y la educación.

Tendrá derecho a crecer y desarrollarse en buena salud, para lo cual deberá proporcionarse, tanto a él como a su madre, cuidados especiales desde el periodo prenatal, teniendo derecho a disfrutar de alimentación, vivienda, educación, recreo, deportes y servicios médicos adecuados.

Artículo 124. Todo niño debe ser protegido contra toda forma de abandono, crueldad y explotación. No será objeto de ningún tipo de trata.

No deberá trabajar antes de una edad mínima adecuada, ni se le permitirá que se dedique a ocupación o empleo alguno que pueda perjudicar su salud, educación, o impedir su desarrollo físico, mental o moral.

Se prohíbe la utilización de los menores por sus padres y otras personas, para actos de mendicidad.

La Ley señalará las penas aplicables a quienes incurran en la violación de este precepto.

Artículo 125. Los medios de comunicación deberán cooperar en la formación y educación del niño.

Artículo 126. Todo niño debe en cualquier circunstancia, figurar entre los primeros que reciban auxilio, protección y socorro.

Capítulo V. Del trabajo

Artículo 127. Toda persona tiene derecho al trabajo, a escoger libremente su ocupación y a renunciar a ella, a condiciones equitativas y satisfactorias de trabajo y a la protección contra el desempleo.

Artículo 128. Las leyes que rigen las relaciones entre patronos y trabajadores son de orden público.

Son nulos los actos, estipulaciones o convenciones que impliquen renuncia, disminuyan, restrinjan o tergiversen las siguientes garantías:

1. La jornada diurna ordinaria de trabajo no excederá de ocho horas diarias, ni de cuarenta y cuatro a la semana.

La jornada nocturna ordinaria de trabajo no excederá de seis horas diarias, ni de treinta y seis a la semana. La jornada mixta ordinaria de trabajo no excederá de siete horas diarias ni de cuarenta y dos a la semana.

Todas estas jornadas se remunerarán con un salario igual al de cuarenta y ocho horas de trabajo. La remuneración del trabajo realizado en horas extraordinarias se hará conforme a lo que dispone la Ley.

Estas disposiciones no se aplicarán en los casos de excepción, muy calificados, que la Ley señale.

2. A ningún trabajador se podrá exigir el desempeño de labores que se extiendan a más de doce horas en cada periodo de veinticuatro horas sucesivas, salvo los casos calificados por la Ley.

3. A trabajo igual corresponde salario igual sin discriminación alguna, siempre que el puesto, la jornada y las condiciones de eficiencia y tiempo de servicio sean también iguales.

El salario deberá pagarse con moneda de curso legal.

4. Los créditos a favor de los trabajadores por salario, indemnización y demás prestaciones sociales, serán singularmente privilegiados, de conformidad con la Ley.

5. Todo trabajador tiene derecho a devengar un salario mínimo, fijado periódicamente con intervención del Estado, los patronos y los trabajadores, suficiente para cubrir las necesidades normales de su hogar, en el orden material y cultural, atendiendo a las modalidades de cada trabajo, a las particulares condiciones de cada región y de cada labor, al

costo de la vida, a la aptitud relativa de los trabajadores y a los sistemas de remuneración de las empresas.

Igualmente se señalará un salario mínimo profesional en aquellas actividades en que el mismo no estuviese regulado por un contrato o convención colectiva.

El salario mínimo está exento de embargo, compensación y deducciones, salvo lo dispuesto por la ley atendiendo a obligaciones familiares y sindicales del trabajador.

6. El patrono está obligado a cumplir y hacer que se cumplan en las instalaciones de sus establecimientos, las disposiciones legales sobre higiene y salubridad, adoptando las medidas de seguridad adecuadas en el trabajo, que permitan prevenir los riesgos profesionales y asegurar la integridad física y mental de los trabajadores.

Bajo el mismo régimen de previsión quedan sujetos los patronos de explotaciones agrícolas. Se establecerá una protección especial para la mujer y los menores.

7. Los menores de dieciséis años y los que hayan cumplido esa edad y sigan sometidos a la enseñanza en virtud de la legislación nacional, no podrán ser ocupados en trabajo alguno.

No obstante, las autoridades de trabajo podrán autorizar su ocupación cuando lo consideren indispensable para la subsistencia de los mismos, de sus padres o de sus hermanos y siempre que ello no impida cumplir con la educación obligatoria.

Para los menores de diecisiete años la jornada de trabajo, que deberá ser diurna, no podrá exceder de seis horas ni de treinta a la semana, en cualquier clase de trabajo.

8. El trabajador tendrá derecho a disfrutar cada año de un periodo de vacaciones remuneradas, cuya extensión y oportunidad serán reguladas por la Ley.

En todo caso, el trabajador tendrá derecho al pago en efectivo de las vacaciones causadas y de las proporcionales correspondientes al periodo trabajado.

Las vacaciones no podrán compensarse por dinero, ni acumularse y el patrono está obligado a otorgarlas al trabajador y este a disfrutarlas.

La Ley regulará estas obligaciones y señalará los casos de excepción permitidos para acumular y compensar vacaciones.

9. Los trabajadores tendrán derecho a descanso remunerado en los días feriados que señale la Ley. Esta determinará la clase de labores en que no regirá esta disposición, pero en estos casos los trabajadores tendrán derecho a remuneración extraordinaria.

10. Se reconoce el derecho de los trabajadores al pago del séptimo día; los trabajadores permanentes recibirán, además, el pago del decimotercer mes en concepto de aguinaldo. La Ley regulará las modalidades y la forma de aplicación de estas disposiciones.

11. La mujer tiene derecho a descanso antes y después del parto, sin pérdida de su trabajo ni de su salario. En el periodo de lactancia tendrá derecho a un descanso por día para amamantar a sus hijos. El patrono no podrá dar por terminado el contrato de trabajo de la mujer grávida ni después del parto, sin comprobar previamente una causa justa ante juez competente, en los casos y condiciones que señale la Ley.

12. Los patronos están obligados a indemnizar al trabajador por los accidentes de trabajo y las enfermedades profesionales, de conformidad con la Ley.

13. Se reconoce el derecho de huelga y de paro. La Ley reglamentará su ejercicio y podrá someterlo a restricciones especiales en los servicios públicos que determine.

14. Los trabajadores y los patronos tienen derecho, conforme a la Ley, a asociarse libremente para los fines exclusivos, de su actividad económico-social, organizando sindicatos o asociaciones profesionales.

15. El Estado tutela los contratos individuales y colectivos, celebrados entre patronos y trabajadores.

Artículo 129. La Ley garantiza la estabilidad de los trabajadores en sus empleos, de acuerdo con las características de las industrias y profesionales, y las justas causas de separación. Cuando el despido injustificado surta efecto y firme que sea la sentencia condenatoria respectiva, el trabajador tendrá derecho a su elección, a una remuneración en concepto de salarios dejados de percibir, a título de daños y perjuicios, y a las indemnizaciones legales y convencionalmente previstas; o, a que se le reintegre al trabajo con el reconocimiento de salarios dejados de percibir, a título de daños y perjuicios.

Artículo 130. Se reconoce al trabajador a domicilio una situación jurídica análoga a la de los demás trabajadores, habida consideración de las particularidades de su labor.

Artículo 131. Los trabajadores domésticos serán amparados por la legislación social. Quienes presten servicios de carácter doméstico en empresas industriales, comerciales, sociales y demás equiparables, serán considerados como trabajadores manuales y tendrán los derechos reconocidos a estos.

Artículo 132. La Ley regulará el contrato de los trabajadores de la agricultura, ganadería y silvicultura; del transporte terrestre, aéreo, del mar y vías navegables y de ferrocarriles; de las actividades petroleras y mineras; de los empleados de comercio y el de aquellos otros que se realicen dentro de modalidades particulares.

Artículo 133. Los trabajadores intelectuales independientes y el resultado de su actividad, deberán ser objeto de una legislación protectora.

Artículo 134. Quedan sometidas a la jurisdicción del trabajo, todas las controversias jurídicas que se originen en las relaciones entre las normas correspondientes a dicha jurisdicción y a los organismos, que hayan de ponerlas en práctica.

Artículo 135. Las Leyes laborales estarán inspiradas en la armonía entre el capital y el trabajo como factores de producción.

El Estado debe tutelar los derechos de los trabajadores, y al mismo tiempo proteger al capital y al empleador.

Artículo 136. El trabajador puede participar de las utilidades o beneficios de su patrono, pero nunca asumir sus riesgos o pérdidas.

Artículo 137. En igualdad de condiciones, los trabajadores hondureños tendrán la preferencia sobre los trabajadores extranjeros.

Se prohíbe a los patronos emplear menos de un noventa por ciento de trabajadores hondureños y pagar a estos menos del ochenta y cinco por ciento del total de los salarios que se devenguen en sus respectivas empresas. Ambas proporciones pueden modificarse en los casos excepcionales que la Ley determine.

Artículo 138. Con el fin de hacer efectivas las garantías y leyes laborales, el Estado vigilará e inspeccionará las empresas, imponiendo en su caso las sanciones que establezca la Ley.

Artículo 139. El Estado tiene la obligación de promover, organizar y regular la conciliación y el arbitraje para la solución pacífica de los conflictos de trabajo.

Artículo 140. El Estado promoverá la formación profesional y la capacitación técnica de los trabajadores.

Artículo 141. La Ley determinará los patronos que por el monto de su capital o el número de sus trabajadores, estarán obligados a proporcionar a estos y a sus familias, servicios de educación, salud, vivienda o de otra naturaleza.

Capítulo VI. De la seguridad social

Artículo 142. Toda persona tiene derecho a la seguridad de sus medios económicos de subsistencia en caso de incapacidad para trabajar u obtener trabajo retribuido.

Los servicios de Seguridad Social serán prestados y administrados por el Instituto Hondureño de Seguridad Social que cubrirá los casos de enfermedad, maternidad, subsidio de familia, vejez, orfandad, paros forzosos, accidentes de trabajo, desocupación comprobada, enfermedades profesionales y todas las demás contingencias que afecten la capacidad de producir.

El Estado creará instituciones de Asistencia y Previsión Social que funcionarán unificadas en un sistema unitario estatal con la aportación de todos los interesados y el mismo Estado.

Artículo 143. El Estado, los patronos y los trabajadores, estarán obligados a contribuir al financiamiento mejoramiento y expansión del Seguro Social. El régimen de seguridad social se implantará en forma gradual y progresiva, tanto en lo referente a los riesgos cubiertos como a las zonas geográficas y a las categorías de trabajadores protegidos.

Artículo 144. Se considera de utilidad pública la ampliación del régimen de Seguridad Social a los trabajadores de la ciudad y del campo.

Capítulo VII. De la salud

Artículo 145. Se reconoce el derecho a la protección de la salud.

Es deber de todos participar en la promoción y preservación de la salud personal y de la comunidad.

El Estado conservará el medio ambiente adecuado para proteger la salud de las personas.

Artículo 146. Corresponde al Estado por medio de sus dependencias y de los organismos constituidos de conformidad con la Ley, la regulación, supervisión y control de los productos alimenticios, químicos, farmacéuticos y biológicos.

Artículo 147. La Ley regulará la producción, tráfico, tenencia, donación, uso y comercialización de drogas psicotrópicas que solo podrán ser destinadas a los servicios asistenciales de salud y experimentos de carácter científico, bajo la supervisión de la autoridad competente.

Artículo 148. Crease el Instituto Hondureño para la Prevención del Alcoholismo, Drogadicción y Fármacodependencia, el que se regirá por una ley especial.

Artículo 149. El Poder Ejecutivo, por medio del Ministerio de Salud Pública y Asistencia Social, coordinará todas las actividades públicas de los organismos centralizados y descentralizados de dicho sector, mediante un plan nacional de salud, en el cual se dará prioridad a los grupos más necesitados.

Corresponde al Estado supervisar las actividades privadas de salud conforme a la Ley.

Artículo 150. El Poder Ejecutivo fomentará los programas integrados para mejorar el estado nutricional de los hondureños.

Capítulo VIII. De la educación y cultura

Artículo 151. La educación es función esencial del Estado para la conservación, el fomento y difusión de la cultura, la cual deberá proyectar sus beneficios a la sociedad sin discriminación de ninguna naturaleza.

La educación nacional será laica y se fundamentará en los principios esenciales de la democracia, inculcará y fomentará en los educandos profundos sentimientos hondureñistas y deberá vincularse directamente con el proceso de desarrollo económico y social del país.

Artículo 152. Los padres tendrán derecho preferente a escoger el tipo de educación que habrán de darle a sus hijos.

Artículo 153. El Estado tiene la obligación de desarrollar la educación básica del pueblo, creando al efecto los organismos administrativos y técnicos necesarios dependientes directamente de la Secretaría de Estado en el Despacho de Educación Pública.

Artículo 154. La erradicación del analfabetismo es tarea primordial del Estado. Es deber de todos los hondureños cooperar para el logro de este fin.

Artículo 155. El Estado reconoce y protege la libertad de investigación, de aprendizaje y de cátedra.

Artículo 156. Los niveles de la educación formal, serán determinados en la ley respectiva, excepto el nivel superior que corresponde a la Universidad Nacional Autónoma de Honduras.

Artículo 157. La educación en todos los niveles del sistema educativo formal, excepto el nivel superior, será autorizada, organizada, dirigida y supervisada exclusivamente por el Poder Ejecutivo por medio de la Secretaría de Educación Pública, la cual administrará los centros de dicho sistema que sean totalmente financiados con fondos públicos.

Artículo 158. Ningún centro educativo podrá ofrecer conocimientos de calidad inferior a los del nivel que le corresponde conforme a la Ley.

Artículo 159. La Secretaría de Educación Pública y la Universidad Nacional Autónoma de Honduras, sin menoscabo de sus respectivas competencias, adoptarán las medidas que sean necesarias para que la programación general de la educación nacional se integre en un sistema coherente, fin de que los educandos respondan adecuadamente a los requerimientos de la educación superior.

Artículo 160. La Universidad Nacional Autónoma de Honduras es una institución autónoma del Estado, con personalidad jurídica, goza de la exclusividad de organizar dirigir y desarrollar la educación superior y profesional. Contribuirá a la investigación científica, humanística y tecnológica, a la difusión general de la cultura y al estudio de los problemas nacionales. Deberá programar su participación en la transformación de la sociedad hondureña.

La Ley y sus estatutos fijarán su organización, funcionamiento y atribuciones.

Para la creación y funcionamiento de Universidades Privadas, se emitirá una ley especial de conformidad con los principios que esta Constitución establece.

Solo tendrán validez oficialmente los títulos de carácter académico otorgados por la Universidad Nacional Autónoma de Honduras así como los otorgados por las Universidades Privadas y extranjeras, reconocidos todos ellos por la Universidad Nacional Autónoma de Honduras.

La Universidad Nacional Autónoma de Honduras es la única facultada para resolver sobre las incorporaciones de profesionales egresados de universidades extranjeras.

Solo las personas que ostentan título válido podrán ejercer actividades profesionales.

Los títulos que no tengan carácter universitario y cuyo otorgamiento corresponda al Poder Ejecutivo tendrán validez legal.

Artículo 161. El Estado contribuirá al sostenimiento, desarrollo y engrandecimiento de la Universidad Nacional Autónoma de Honduras, con una asignación privativa anual no menor del seis por ciento del Presupuesto de Ingresos netos de la República, excluidos los préstamos y donaciones.

La Universidad Nacional Autónoma está exonerada de toda clase de impuestos y contribuciones.

Artículo 162. Por su carácter informativo y formativo, la docencia tiene una función social y humana que determina para el educador responsabilidades científicas y morales frente a sus discípulos, a la institución en que labore y a la sociedad.

Artículo 163. La formación de docentes es función y responsabilidad exclusiva del Estado; se entenderá como docentes a quien administra, organiza, dirige, imparte o supervisa la labor educativa y que sustenta como profesión el magisterio.

Artículo 164. Los docentes en servicio en las escuelas primarias estarán exentos de toda clase de impuestos sobre los sueldos que devengan y sobre las cantidades que ulteriormente perciban en concepto de jubilación.

Artículo 165. La Ley garantiza a los profesionales en ejercicio de la docencia su estabilidad en el trabajo, un nivel de vida acorde con su elevada misión y una jubilación justa.

Se emitirá el correspondiente Estatuto del Docente Hondureño.

Artículo 166. Toda persona natural o jurídica tiene derecho a fundar centros educativos dentro del respeto a la Constitución y la Ley.

Las relaciones de trabajo entre los docentes y propietarios de las instituciones privadas estarán regidas por las leyes educativas, sin perjuicio de los beneficios que se deriven de la legislación laboral.

Artículo 167. Los propietarios de fincas, fábricas y demás centros de producción en áreas rurales, están obligados a establecer y sostener escuelas de educación básica, en beneficio de los hijos de sus trabajadores permanentes, siempre que el número de niños de edad escolar exceda de treinta y en las zonas fronterizas exceda de veinte.

Artículo 168. La enseñanza de la Constitución de la República, de la Historia y Geografía nacionales, es obligatoria y estará a cargo de profesionales hondureños.

Artículo 169. El Estado sostendrá y fomentará la educación de los minusválidos.

Artículo 170. El Estado impulsará el desarrollo de la educación extraescolar por medio de bibliotecas, centros culturales y toda forma de difusión.

Artículo 171. La educación impartida oficialmente será gratuita y la básica será además, obligatoria y totalmente costeada por el Estado. El Estado establecerá los mecanismos de compulsión para hacer efectiva esta disposición.

Artículo 172. Toda riqueza antropológica, arqueológica, histórica y artística de Honduras forma parte del patrimonio cultural de la nación.

La Ley establecerá las normas que servirán de base para su conservación, restauración, mantenimiento y restitución, en su caso.

Es deber de todos los hondureños velar por su conservación e impedir su sustracción.

Los sitios de belleza cultural, monumentos y zonas reservadas, estarán bajo la protección del Estado.

Artículo 173. El Estado preservará y estimulará las culturas nativas, así como las genuinas expresiones del folklore, nacional, el arte popular y las artesanías.

Artículo 174. El Estado propiciará la afición y el ejercicio de la cultura física y los deportes.

Artículo 175. El Estado promoverá y apoyará la divulgación de producciones de autores nacionales o extranjeros que siendo legítimas creaciones filosóficas, científicas o literarias contribuyan al desarrollo nacional.

Artículo 176. Los medios de comunicación social del Estado se hallan al servicio de la educación y la cultura. Los medios de comunicación privados están obligados a coadyuvar para la consecución de dichos fines.

Artículo 177. Se establece la Colegiación Profesional obligatoria.

La Ley reglamentará su organización y funcionamiento.

Capítulo IX. De la vivienda

Artículo 178. Se reconoce a los hondureños el derecho de vivienda digna.

El Estado formulará y ejecutará programas de vivienda de interés social.

La Ley regulará el arrendamiento de viviendas y locales, la utilización del suelo urbano y la construcción, de acuerdo con el interés general.

Artículo 179. El Estado promoverá, apoyará y regulará la creación de sistemas y mecanismos para la utilización de los recursos internos y externos a ser canalizados hacia la solución del problema habitacional.

Artículo 180. Los créditos y préstamos internos o externos que el Estado obtenga para fines de vivienda serán regulados por la Ley en beneficio del usuario final del crédito.

Artículo 181. Crease el «Fondo Social para la Vivienda», cuya finalidad será el desarrollo habitacional en las áreas urbana y rural. Una Ley regulará su organización y funcionamiento.

Título IV. De las garantías constitucionales

Capítulo I. Del Habeas Corpus y el amparo

Artículo 182. El Estado reconoce la garantía de Habeas Corpus o de Exhibición Personal. En consecuencia, toda persona agraviada o cualquiera otra en nombre de esta tiene derecho a promoverla:

1. Cuando se encuentre ilegalmente presa, detenida o cohibida de cualquier modo en el goce de su libertad individual; y

2. Cuando en su detención o prisión legal, se apliquen al detenido o preso, tormentos, torturas, vejámenes, exacción ilegal y toda coacción, restricción o molestia innecesaria para su seguridad individual o para el orden de la prisión.

La acción de Habeas Corpus se ejercerá sin necesidad de poder ni de formalidad alguna, verbalmente o por escrito, utilizando cualquier medio de comunicación, en horas o días hábiles o inhábiles y libre de costas.

Los jueces y magistrados no podrán desechar la acción de Habeas Corpus y tienen la obligación ineludible de proceder de inmediato para hacer cesar la violación a la libertad o a la seguridad personales.

Los Tribunales que dejaren de admitir estas acciones incurrirán en responsabilidad penal y administrativa.

Las autoridades que ordenaren y los agentes que ejecutaren el ocultamiento del detenido o que en cualquier forma quebranten esta garantía incurrirán en el delito de detención ilegal.

Artículo 183. El Estado reconoce la garantía de Amparo.

En consecuencia, toda persona agraviada o cualquiera otra en nombre de esta, tiene derecho a interponer recurso de amparo:

1. Para que se le mantenga o restituya en el goce o disfrute de los derechos o garantías que la Constitución establece; y,

2. Para que se declare en casos concretos que una ley, resolución, acto o hecho de autoridad, no obliga al recurrente ni es aplicable por contravenir, disminuir o tergiversar cualesquiera de los derechos reconocidos por esta Constitución.

El Recurso de Amparo se interpondrá de conformidad con la Ley.

Capítulo II. De la inconstitucionalidad y la revisión

Artículo 184. Las leyes podrán ser declaradas inconstitucionales por razón de forma o de contenido.

A la Corte Suprema de Justicia le compete el conocimiento y la resolución originaria y exclusiva en la materia, y deberá pronunciarse con los requisitos de las sentencias definitivas.

Artículo 185. La declaración de inconstitucionalidad de una ley y su inaplicabilidad, podrá solicitarse, por quien se considere lesionado en su interés directo, personal y legítimo:

1. Por vía de acción que deberá entablar ante la Corte Suprema de Justicia;

2. Por vía de excepción, que podrá oponer en cualquier procedimiento judicial; y,

3. También el juez o tribunal que conozca en cualquier procedimiento judicial, podrá solicitar de oficio la declaración de inconstitucionalidad de una ley y su inaplicabilidad antes de dictar resolución.

En este caso, y en el previsto por el numeral anterior, se suspenderán los procedimientos, elevándose las actuaciones a la Corte Suprema de Justicia.

Artículo 186. Ningún poder ni autoridad puede avocarse causas pendientes ni abrir juicios fenecidos, salvo en causas juzgadas en materia penal y civil que pueden ser revisadas en toda época en favor de los condenados, a pedimento de estos, de cualquier persona, del Ministerio público o de Oficio.

Este recurso se interpondrá ante la Corte Suprema de Justicia. La Ley reglamentará los casos y la forma de revisión.

Capítulo III. De la restricción o la suspensión de derechos

Artículo 187. El ejercicio de los derechos establecidos en los artículos 69, 71, 72, 78, 81, 93, 99 y 103, podrá suspenderse en caso de invasión del territorio nacional, perturbación grave de la paz, de epidemia o de cualquier otra calamidad general, por el presidente de la República, de acuerdo con el Consejo de Ministros, por medio de un Decreto que contendrá:

1. Los motivos que lo justifique;
2. La garantía o garantías que se restrinjan;
3. El territorio que afectará la restricción; y,
4. El tiempo que durará esta. Además se convocará en el mismo Decreto al Congreso Nacional para que dentro del plazo de treinta días, conozca de dicho decreto y lo ratifique, modifique o impruebe.

En caso que estuviere reunido, conocerá inmediatamente del Decreto.

La restricción de garantías no podrá exceder de un plazo de cuarenta y cinco días por cada vez que se decrete.

Si antes de que venza el plazo señalado para la restricción, hubieren desaparecido las causas que motivaron el Decreto, se hará cesar en sus efectos y en este caso todo ciudadano tiene el derecho para instar su revisión. Vencido el plazo de cuarenta y cinco días, automáticamente quedan restablecidas las garantías, salvo que se hubiere dictado nuevo Decreto de restricción.

La restricción de garantías decretada, en modo alguno afectará el funcionamiento de los organismos del Estado, cuyos miembros gozarán siempre de las inmunidades y prerrogativas que les conceda la Ley.

Artículo 188. El territorio en que fuesen suspendidas las garantías expresadas en el **Artículo** anterior, se regirá durante la suspensión, por la Ley de Estado de Sitio, pero ni en dicha Ley ni en otras garantías que las ya mencionadas.

Tampoco podrá hacerse, durante la suspensión, declaraciones de nuevos delitos ni imponerse otras penas que las ya establecidas en las leyes vigentes al decretarse la suspensión.

Título V. De los poderes del Estado

Capítulo I. Del Poder Legislativo

Artículo 189. El Poder Legislativo se ejerce por un Congreso de Diputados, que serán elegidos por sufragio directo. Se reunirá en sesiones ordinarias en la capital de la República el veinticinco de enero de cada año, sin necesidad de convocatoria y clausurará sus sesiones el treinta y uno de octubre del mismo año.

Las sesiones podrán prorrogarse por el tiempo que fuere necesario por resolución del Congreso, a iniciativa de uno o más de sus miembros, o a solicitud del Poder Ejecutivo.

Los recesos serán establecidos en el Reglamento Interior.

Artículo 190. El Congreso Nacional se reunirá en sesiones extraordinarias:

1. Cuando lo solicite el Poder Ejecutivo;
2. Cuando sea convocado por su Comisión permanente; y,
3. Cuando así lo acuerde la mitad más uno de sus miembros.

En estos casos solo tratará los asuntos que motivaron el respectivo Decreto de convocatoria.

Artículo 191. Un número de cinco diputados podrá convocar extraordinariamente al Congreso Nacional para sesionar en cualquier lugar de la República, cuando el Ejecutivo, otra autoridad, fuerza mayor o caso fortuito impidan su instalación o la celebración de sus sesiones.

Artículo 192. Para la instalación del Congreso Nacional y la celebración de sus sesiones será suficiente la mitad más uno de sus miembros.

Artículo 193. Ni el mismo Congreso, ni otra autoridad del Estado o particulares, podrá impedir la instalación del Congreso, la celebración de las sesiones o decretar su disolución.

La contravención de este precepto constituye delito contra los Poderes del Estado.

Artículo 194. El veintiuno de enero se reunirán los diputados en juntas preparatorias, y con la concurrencia de cinco por lo menos, se organizará la directiva provisional.

Artículo 195. El veintitrés de enero se reunirán los diputados en su última sesión preparatoria para elegir la directiva en propiedad.

El presidente del Congreso Nacional ejercerá sus funciones por un periodo de cuatro años y será el presidente de la Comisión Permanente.

El resto de la directiva durará dos años en sus funciones.

Artículo 196. Los diputados serán elegidos por un periodo de cuatro años, contados desde la fecha en que se instale solemnemente el Congreso Nacional. En caso de falta absoluta de un diputado, terminará su periodo el suplente llamado por el Congreso Nacional.

Artículo 197. Los diputados están obligados a reunirse en Asamblea en las fechas señaladas por esta Constitución, y asistir a todas las sesiones que celebre el Congreso Nacional, salvo incapacidad debidamente comprobada.

Los diputados que con su inasistencia y abandono injustificados de las sesiones, dieren motivo a que no se forme el quorum, o se desintegre este, serán expulsados del Congreso y perderán por un periodo de diez años el derecho de optar a cargos públicos.

Artículo 198. Para ser elegido diputado se requiere:
1. Ser hondureño por nacimiento;
2. Haber cumplido veintiún años de edad;
3. Estar en el ejercicio de los derechos ciudadanos;
4. Ser del estado seglar; y,
5. Haber nacido en el departamento por el cual se postula o haber residido en él por lo menos los últimos cinco años anteriores a la fecha de convocatoria a elecciones.

Artículo 199. No pueden ser elegidos diputados:
1. El presidente y los designados a la Presidencia de la República;
2. Los magistrados de la Corte Suprema de Justicia;
3. Los secretarios y subsecretarios de Estado;
4. Los jefes militares con jurisdicción nacional;
5. Los titulares de los órganos superiores de dirección, gobierno y administración de las instituciones descentralizadas del Estado;
6. Los militares en servicio activo y los miembros de los cuerpos de seguridad o de cualquier otro;
7. Los demás funcionarios y empleados públicos del Poder Ejecutivo y del Poder Judicial que determine la Ley, excepto aquellos que desempeñen cargos docentes y de asistencia de salud;
8. Los miembros del Tribunal Nacional de Elecciones;

9. El Procurador y Subprocurador General de la República, Contralor y Subcontralor General de la República y el director y subdirector de Probidad Administrativa;

10. El cónyuge y los parientes dentro del cuarto grado de consanguinidad y segundo de afinidad de los citados en los numerales 1, 2, 4, 8 y 9 precedentes, y del secretario y subsecretario de Estado en los Despachos de Defensa y Seguridad Pública.

11. El cónyuge y los parientes de los jefes de las Zonas militares, comandantes de unidades militares, delegados militares departamentales o seccionales, delegados de los cuerpos de seguridad o de otro cuerpo armado, dentro del cuarto grado de consanguinidad y segundo de afinidad, cuando fueren candidatos por el departamento donde aquellos ejerzan jurisdicción;

12. Los concesionarios del Estado para la explotación de riquezas naturales o contratistas de servicios u obras públicas que se costeen con fondos del Estado y quienes, por tales conceptos, tengan cuentas pendientes con este;

13. Los deudores morosos de la Hacienda Pública.

Estas incompatibilidades e inhabilidades afectarán a quienes desempeñen los cargos indicados dentro de los seis meses anteriores a la fecha de la elección.

Artículo 200. Los diputados gozarán desde el día en que se les declare elegidos, de las siguientes prerrogativas:

1. Inmunidad personal para no ser sometidos a registro personal o domiciliario, detenidos, acusados, ni juzgados aun en estado de sitio, si el Congreso Nacional no los declara previamente con lugar a formación de causa;

2. No estar obligados a prestar servicio militar;

3. No ser responsables en ningún tiempo por sus iniciativas de ley ni por sus opiniones vertidas durante el desempeño de su cargo.

4. No ser demandados civilmente desde quince días antes hasta quince días después de las sesiones ordinarias y extraordinarias del Congreso Nacional, salvo el caso de reconvención; y,

5. Para no declarar sobre hechos que terceras personas les hubieren confiado en virtud de su investidura.

Asimismo, gozarán de las prerrogativas de los numerales 1 y 2 del presente **Artículo**, los candidatos a diputados desde el día en que sean nominados por sus respectivos partidos políticos.

Quienes quebranten estas disposiciones incurrirán en responsabilidad penal.

Artículo 201. Los edificios e instalaciones del Congreso Nacional son inviolables. Corresponde al presidente de la directiva, o de su Comisión Permanente, autorizar el ingreso de miembros de la fuerza pública cuando las circunstancias lo exigieren.

Artículo 202. La elección de diputados al Congreso Nacional, se hará sobre la base de un diputado propietario y un suplente, por cada treinta y cinco mil habitantes o fracción que exceda de quince mil. En aquellos departamentos que tuvieren población menor de treinta y cinco mil habitantes, se elegirá un diputado propietario y un diputado suplente.

El Congreso Nacional, tomando en cuenta los cambios poblacionales, podrá modificar la base para la elección de diputados.

Artículo 203. Los diputados en ejercicio no podrán desempeñar cargos públicos remunerados durante el tiempo por el cual han sido elegidos, excepto los de carácter docente, cultural y los relacionados con los servicios profesionales de asistencia social.

No obstante, podrán desempeñar los cargos de secretarios o subsecretarios de Estado, presidentes o gerentes de entidades descentralizadas, jefe de misión diplomática, consular, o desempeñar misiones diplomáticas ad-hoc. En estos casos se reincorporarán al Congreso Nacional al cesar en sus funciones.

Los suplentes pueden desempeñar empleos o cargos públicos sin que su aceptación y ejercicio produzca la pérdida de la calidad de tales.

Artículo 204. Ningún diputado podrá tener en arrendamiento, directa o indirectamente, bienes del Estado u obtener de este contratos o concesiones de ninguna clase.

Los actos en contravención a esta disposición producirán nulidad absoluta de pleno derecho.

Artículo 205. Corresponden al Congreso Nacional las atribuciones siguientes:

1. Crear, decretar, interpretar, reformar y derogar las leyes;

2. Convocar, suspender y cerrar sus sesiones;

3. Emitir su Reglamento interior y aplicar las sanciones que en él se establezcan para quienes lo infrinjan;

4. Convocar a sesiones extraordinarias de acuerdo con esta Constitución;

5. Incorporar a sus miembros con vista de las credenciales y recibirles la promesa constitucional;

6. Llamar a los diputados suplentes en caso de falta absoluta, temporal o de legítimo impedimento de los propietarios o cuando estos se rehusen a asistir.

7. Hacer el escrutinio de votos y declarar la elección del presidente, designados a la Presidencia y diputados al Congreso Nacional, cuando el Tribunal Nacional de Elecciones no lo hubiere hecho.

Cuando un mismo ciudadano resulte elegido para diversos cargos, será declarado electo para uno solo de ellos, de acuerdo con el siguiente orden de preferencia:

a) Presidente de la República;

b) Designado a la Presidencia de la República;

c) Diputado al Congreso Nacional; y,

ch) Miembro de la Corporación Municipal.

8. Aceptar o no la renuncia de los diputados por causa justificada.

9. Elegir para el periodo constitucional, nueve magistrados propietarios y siete suplentes de la Corte Suprema de Justicia y elegir su presidente.

10. Hacer la elección del jefe de las Fuerzas Armadas;

11. Hacer la elección del Contralor y Subcontralor, Procurador y Subprocurador de la República, director y subdirector de Probidad Administrativa;

12. Recibir la promesa constitucional al presidente y designados a la Presidencia de la República, declarados electos y a los demás funcionarios que elija, concederles licencia y admitirles o no su renuncia y llenar las vacantes en caso de falta absoluta de alguno de ellos;

13. Conceder o negar permiso al presidente y designados a la Presidencia de la República para que puedan ausentarse del país por más de quince días;

14. Cambiar la residencia de los Poderes del Estado por causas graves;

15. Declarar si ha lugar o no a formación de causa contra el presidente, designados a la Presidencia, diputados al Congreso Nacional, magistrados de la Corte Suprema de Justicia, miembros del Tribunal Nacional de Elecciones, Jefe de las Fuerzas Armadas, Secretarios y subsecretarios de Estado, Jefes de misiones diplomáticas, Contralor y Subcontralor, Procurador y Subprocurador de la República y director y subdirector de Probidad Administrativa;

16. Conceder amnistía por delitos políticos y comunes conexos; fuera de este caso el Congreso Nacional no podrá dictar resoluciones por vía de gracia;

17. Conceder o negar permiso a los hondureños para aceptar cargos o condecoraciones de otro Estado;

18. Decretar premios y conceder privilegios temporales a los autores o inventores y a los que hayan introducido nuevas industrias o perfeccionado las existentes de utilidad general.

19. Aprobar o improbar los contratos que lleven involucradas exenciones, incentivos y concesiones fiscales, o cualquier otro contrato que haya de producir o prolongar sus efectos al siguiente periodo de gobierno de la República;

20. Aprobar o improbar la conducta administrativa del Poder Ejecutivo, Poder Judicial y del Tribunal Nacional de Elecciones, Contraloría General de la República, Procuraduría General de la República e instituciones descentralizadas;

21. Nombrar comisiones especiales para la investigación de asuntos de interés nacional. La comparencia a requerimientos de dichas comisiones, será obligatoria bajo los mismos apremios que se observan en el procedimiento judicial.

22. Decretar la restricción o suspensión de derechos de conformidad con lo prescrito en la Constitución y ratificar, modificar o improbar la restricción o suspensión que hubiere dictado el Poder Ejecutivo de acuerdo con la Ley;

23. Conferir los grados de mayor a general de División, a propuesta del jefe de las Fuerzas Armadas por iniciativa del presidente de la República.

24. Fijar el número de miembros permanentes de las Fuerzas Armadas; 25. Autorizar o negar el transito de tropas extranjeras por el territorio del país; 26. Autorizar al Poder Ejecutivo la salida de tropas de las Fuerzas Armadas para prestar servicios en territorio extranjero, de conformidad con tratados y convenciones internacionales;

27. Declarar la guerra y hacer la paz;

28. Autorizar la recepción de misiones militares extranjeras de asistencia o cooperación técnica en Honduras;

29. Aprobar o improbar los tratados internacionales que el Poder Ejecutivo haya celebrado;

30. Crear o suprimir empleos y decretar honores y pensiones por relevantes servicios prestados a la Patria;

31. Aprobar anualmente el Presupuesto General de Ingresos y Egresos tomando como base el proyecto que remita el Poder Ejecutivo, debidamente desglosado y resolver sobre su modificación;

32. Aprobar anualmente los presupuestos debidamente desglosados de Ingresos y Egresos de las instituciones descentralizadas;

33. Decretar las pesas, ley y tipo de la moneda nacional y el patrón de pesas y medidas;

34. Establecer impuestos y contribuciones así como las cargas públicas;

35. Aprobar o improbar los empréstitos o convenios similares que se relacionan con el crédito público, celebrados por el Poder Ejecutivo;

Para efectuar la contratación de empréstitos en el extranjero o de aquellos que, aunque convenidos en el país, hayan de ser financiados con capital extranjero, es preciso que el respectivo proyecto sea aprobado por el Congreso Nacional;

36. Establecer mediante una ley los casos en que proceda el otorgamiento de subsidios y subvenciones con fines de utilidad pública o como instrumento de desarrollo económico y social;

37. Aprobar o improbar finalmente las cuentas de los gastos públicos tomando por base los informes que rinda la Contraloría General de la República y las observaciones que a los mismos formule el Poder Ejecutivo;

38. Reglamentar el pago de la deuda nacional, a iniciativa del Poder Ejecutivo;

39. Ejercer el control de las rentas públicas;

40. Autorizar al Poder Ejecutivo para enajenar bienes nacionales o su aplicación a uso público;

41. Autorizar puertos; crear y suprimir aduanas y zonas libres a iniciativa del Poder Ejecutivo;

42. Reglamentar el comercio marítimo, terrestre y aéreo;

43. Establecer los símbolos nacionales; y,

44. Ejercer las demás atribuciones que le señale esta Constitución y las leyes.

Artículo 206. Las facultades del Poder Legislativo son indelegables excepto la de recibir la promesa constitucional a los altos funcionarios del Gobierno, de acuerdo con esta Constitución.

Artículo 207. La directiva del Congreso Nacional, antes de clausurar sus sesiones, designará de su seno, nueve miembros propietarios y sus respectivos suplentes, quienes formarán la Comisión Permanente en receso del Congreso Nacional.

Artículo 208. Son atributos de la Comisión Permanente:

1. Emitir su Reglamento Interior;

2. Emitir dictamen y llenar los otros tramites en los negocios que hubieren quedado pendientes, para que puedan ser considerados en la subsiguiente legislatura;

3. Preparar para someter a la consideración del Congreso Nacional los proyectos de reformas a las leyes que a su juicio demanden las necesidades del país;

4. Recibir del Poder Ejecutivo los decretos emitidos en los últimos diez días de sesiones del Congreso Nacional, debidamente sancionados;

5. Recibir las denuncias de violación a esta Constitución;

6. Mantener bajo su custodia y responsabilidad el archivo del Congreso Nacional;

7. Publicar una edición de todos los decretos y resoluciones emitidos por el Congreso Nacional en sus anteriores sesiones, dentro de los tres meses siguientes a la clausura del mismo;

8. Convocar al Congreso Nacional a sesiones extraordinarias a excitativa del Poder Ejecutivo o cuando la exigencia del caso lo requiera;

9. Recibir del Poder Ejecutivo la documentación e información relativa a convenios económicos, operaciones crediticias o empréstitos que dicho Poder proyecte celebrar, autorizar o contratar a efecto de informar circunstanciadamente al Congreso Nacional en sus sesiones próximas;

10. Presentar al Congreso Nacional un informe detallado de sus trabajos durante el periodo de su gestión;

11. Elegir interinamente, en caso de falta absoluta, los sustitutos de los funcionarios que deben ser designados por el Congreso Nacional;

12. Llamar a integrar a otros diputados por ralla de los miembros de la Comisión;

13. Conceder o negar permiso al presidente y designados a la Presidencia de la República por más de quince días para ausentarse del país;

14. Nombrar las Comisiones especiales que sea necesario, integradas por miembros del Congreso Nacional;

15. Las demás que confiere la Constitución.

Artículo 209. Crease la Pagaduría Especial del Poder Legislativo, la que atenderá el pago de todos los gastos del ramo.

Artículo 210. La Pagaduría Especial del Poder Legislativo estará bajo la dependencia inmediata de la Directiva del Congreso Nacional, o en su caso de la Comisión Permanente.

Corresponde a la directiva del Congreso Nacional el nombramiento del pagador, quien deberá rendir caución de conformidad con la Ley.

Artículo 211. El Poder Ejecutivo incluirá en el Presupuesto General de Egresos e Ingresos de la República, los fondos presupuestados por el Poder Legislativo para su funcionamiento.

Artículo 212. La Tesorería General de la República acreditará por trimestres anticipados los fondos necesarios para atender los gastos del Congreso Nacional.

Capítulo II. De la formación, sanción y promulgación
de la Ley

Artículo 213. Tienen exclusivamente la iniciativa de Ley los diputados al Congreso Nacional, el presidente de la República, por medio de los secretarios de Estado, así como la

Corte Suprema de Justicia y el Tribunal Nacional de Elecciones, en asuntos de su competencia.

Artículo 214. Ningún Proyecto de Ley será definitivamente votado sino después de tres debates efectuados en distintos días, salvo el caso de urgencia calificada por simple mayoría de los diputados presentes.

Artículo 215. Todo Proyecto de Ley, al aprobarse por el Congreso Nacional, se pasará al Poder Ejecutivo, a más tardar dentro de tres días de haber sido votado, a fin de que este le de su sanción en su caso y lo haga promulgar como Ley.

La sanción de ley se hará con esta fórmula: «Por tanto, Ejecútese».

Artículo 216. Si el Poder Ejecutivo encontrare inconvenientes para sancionar el Proyecto de Ley, lo devolverá al Congreso Nacional dentro de diez días, con esta fórmula: «Vuelva al Congreso», exponiendo las razones en que funda su desacuerdo.

Si en el término expresado no lo objetare, se tendrá como sancionado y lo promulgará como Ley.

Cuando el Ejecutivo devolviere el Proyecto, el Congreso Nacional lo someterá a nueva deliberación, y si fuere ratificado por dos tercios de votos, lo pasará de nuevo al Poder Ejecutivo, con esta fórmula: «Ratificado Constitucionalmente» y, este lo publicará sin tardanza.

Si el veto se fundare en que el Proyecto de Ley es inconstitucional, no podrá someterse a una nueva deliberación sin oír previamente a la Corte Suprema de Justicia; esta emitirá su dictamen en el término que el Congreso Nacional le señale.

Artículo 217. Cuando el Congreso Nacional vote un Proyecto de Ley al terminar sus sesiones y el Ejecutivo crea inconveniente sancionarlo, está obligado a darle aviso inmediatamente para que permanezca reunido hasta diez días, contados desde la fecha en que el Congreso recibió el proyecto, y no haciéndolo, deberá remitir este, en los ocho primeros días de las sesiones del Congreso subsiguiente.

Artículo 218. No será necesaria la sanción, ni el Poder Ejecutivo podrá poner el veto en los casos y resoluciones siguientes:

1. En las elecciones que el Congreso Nacional haga o declare, o en las renuncias que admita o rechace;

2. En las declaraciones de haber o no lugar a formación de causa;

3. En los decretos que se refieren a la conducta del Poder Ejecutivo;

4. En los reglamentos que expida para su régimen interior;

5. En los decretos que apruebe para trasladar su sede a otro lugar del territorio de Honduras temporalmente o para suspender sus sesiones o pura convocar a sesiones extraordinarias;

6. En la Ley de Presupuesto;

7. En los tratados o contratos que impruebe el Congreso Nacional; y,

8. En las reformas que se decreten a la Constitución de la República.

En estos casos el Ejecutivo promulgará la Ley con esta fórmula: «POR TANTO, PUBLÍQUÉSE».

Artículo 219. Siempre que un Proyecto de Ley, que no proceda de iniciativa de la Corte Suprema de Justicia, tenga por objeto reformar o derogar cualquiera de las disposiciones contenidas en los códigos de la República, no podrá discutirse sin oír la opinión de aquel Tribunal.

La Corte emitirá su informe en el término que el Congreso Nacional le señale.

Esta disposición no comprende las Id de orden político, económico y administrativo.

Artículo 220. Ningún Proyecto de Ley desechado total o parcialmente, podrá discutirse de nuevo en la misma legislatura.

Artículo 221. La Ley es obligatoria en virtud de su promulgación y después de haber transcurrido veinte días de terminada su publicación en el diario oficial «LA GACETA». Podrá, sin embargo, restringirse o ampliarse en la misma Ley el plazo de que trata este **Artículo** y ordenarse, en casos especiales, otra forma de promulgación.

Capítulo III. De la Contraloría General de la República

Artículo 222. La Contraloría General de la República es un organismo auxiliar del Poder Legislativo, con independencia funcional y administrativa, encargado exclusivamente de la fiscalización a posteriori de la Hacienda Pública, teniendo entre otras las atribuciones siguientes:

1. Verificar la administración de los fondos y bienes públicos y glosar las cuentas de los funcionarios y empleados que los manejen;

2. Fiscalizar la gestión financiera de las dependencias de la administración pública, instituciones descentralizadas inclusive las municipalidades, establecimientos Gubernamen-

tales y las entidades o que reciban subvención o subsidio del mismo;

3. Examinar la contabilidad del Estado y las cuentas que sobre la gestión de la Hacienda Pública presente el Poder Ejecutivo al Congreso Nacional y rendir a este el informe correspondiente; y,

4. Ejercer las demás funciones que la Ley orgánica le señale.

Artículo 223. La Contraloría General de la República estará a cargo de un Contralor y de un Subcontralor elegidos por el Congreso Nacional, quienes tendrán las mismas inhabilidades y gozarán de las mismas prerrogativas que los magistrados de la Corte Suprema de Justicia.

Para ser Contralor y Subcontralor se requiere:

1. Ser hondureño por nacimiento;

2. Ser mayor de veinticinco años;

3. Ser ciudadano en el ejercicio de sus derechos;

4. Ser de reconocida honradez y competencia; y,

5. Poseer título de licenciado en Ciencias Jurídicas, Economía, Administración Pública, Auditoría y Contaduría Pública, o Perito Mercantil y Contador Público.

El Contralor y Subcontralor serán electos por un periodo de cinco años y no podrán ser reelectos para el periodo subsiguiente.

Artículo 224. El Contralor y Subcontralor serán responsables ante el Congreso Nacional de los actos ejecutados en el ejercicio de sus funciones, y solamente podrán ser removidos por este, cuando se les comprobare la comisión de irregularidades graves o delitos.

Artículo 225. La fiscalización a posteriori del Banco Central de Honduras, en lo relacionado con el manejo de fondos del Estado, será efectuada por la Contraloría General de la República, que rendirá informes sobre tal fiscalización al Congreso Nacional.

La fiscalización a posteriori de las demás instituciones de crédito que reciban fondos del Estado, en cuanto a la aplicación de tales fondos en operaciones o negocios estrictamente bancarios, se ejercerá por la Superintendencia de Bancos, y en los demás casos por la Contraloría General de la República.

Artículo 226. La Contraloría General deberá rendir al Congreso Nacional dentro de los primeros; cuarenta días de finalizado el año económico, un informe exponiendo la labor realizada durante dicho año, con exposición de opiniones y sugerencias que consideren necesarias para lograr mayor eficiencia en el manejo y control de los fondos y bienes públicos.

Este informe, del cual simultáneamente se enviará copia al presidente de la República, deberá ser publicado por la Contraloría General en forma detallada o en resumen, exceptuando lo relacionado con secretos militares y otros aspectos que pudieran afectar la seguridad nacional.

Lo anterior no obsta para que la Contraloría General le presente informes especiales al Congreso Nacional y en determinados casos también simultáneamente al presidente de la República.

Artículo 227. Todos los aspectos relacionados con la organización y funcionamiento de la Contraloría General de la República serán determinados por la Ley.

Capítulo IV. De la Procuraduría General de la República

Artículo 228. La Procuraduría General de la República tiene la representación legal del Estado, su organización y funcionamiento serán determinados por la Ley.

Artículo 229. El Procurador y Subprocurador General de la República serán elegidos por el Congreso Nacional por cuatro años, y no podrán ser reelegidos para un periodo subsiguiente, deberán reunir las mismas condiciones y tendrán las mismas prerrogativas e inhabilidades establecidas en esta Constitución para los magistrados de la Corte Suprema de Justicia.

Artículo 230. Las acciones civiles y criminales que resultaren de las intervenciones fiscalizadoras de la Contraloría General de la República, serán ejercitadas por el Procurador General, excepto las relacionadas con las municipalidades que quedarán a cargo de los funcionarios que las leyes indiquen.

Artículo 231. El Estado asignará los fondos que sean necesarios para la adecuada organización y funcionamiento de la Procuraduría General de la República.

Todos los organismos de la Administración Pública colaborarán con el Procurador General de la República en el cumplimiento de sus atribuciones en la forma que la Ley determine.

Capítulo V. De la Dirección de Probidad Administrativa

Artículo 232. La Dirección de Probidad Administrativa será un organismo de control, auxiliar del Poder Legislativo, que tendrá independencia funcional y administrativa.

La Ley regulará su organización, atribuciones y funcionamiento.

Artículo 233. Se presume enriquecimiento ilícito, cuando el aumento del capital del funcionario o empleado público, desde la fecha en que haya tomado posesión de su cargo, hasta aquella en que haya cesado en sus funciones, fuere notablemente superior al que normalmente hubiere podido obtener en virtud de los sueldos y emolumentos que haya percibido legalmente, y de los incrementos de su capital o de sus ingresos por cualquier otra causa licita.

Igualmente se presumirá enriquecimiento ilícito cuando el servidor público no autorizare la investigación de sus depósitos bancarios o negocios en el país o en el extranjero.

Para determinar el aumento a que se refiere el párrafo primero de este **Artículo**, se considerarán en conjunto el capital y los ingresos del funcionario o empleado, el de su cónyuge y el de sus hijos.

La declaración de bienes de los funcionarios y empleados públicos se hará de conformidad con la Ley.

Cuando fuere absuelto, el servidor público tendrá derecho a reasumir su cargo.

Artículo 234. El director y subdirector general de Probidad Administrativa serán elegidos por el Congreso Nacional para un periodo de cinco años, y deberán reunir los mismos requisitos establecidos para los cargos de Contralor y Subcontralor de la República.

Capítulo VI. Del Poder Ejecutivo

Artículo 235. El Poder Ejecutivo lo ejerce en representación y para beneficio del pueblo, el presidente de la República.

Artículo 236. El presidente de la República y tres designados a la Presidencia, serán electos y directamente por el pueblo por simple mayoría de votos. La elección será declarada por el Tribunal Nacional de Elecciones, y en su defecto, por el Congreso Nacional o por la Corte Suprema de Justicia en su caso.

Artículo 237. El periodo presidencial será de cuatro años y empezará el veintisiete de enero siguiente a la fecha en que se realizo la elección.

Artículo 238. Para ser presidente de la República o designado a la Presidencia, se requiere:
1. Ser hondureño por nacimiento;
2. Ser mayor de treinta años;
3. Estar en el goce de los derechos del ciudadano; y,
4. Ser del estado seglar.

Artículo 239. El ciudadano que haya desempeñado la titularidad del Poder Ejecutivo no podrá ser presidente o designado.

El que quebrante esta disposición o proponga su reforma, así como aquellos que lo apoyen directa o indirectamente, cesarán de inmediato en el desempeño de sus respectivos cargos, y quedarán inhabilitados por diez años para el ejercicio de toda función pública.

Artículo 240. No pueden ser elegidos presidente de la República:

1. Los designados a la Presidencia de la República, secretarios y subsecretarios de Estado, miembros del Tribunal Nacional de Elecciones, magistrados y jueces del Poder Judicial, presidentes, vicepresidentes, gerentes, subgerentes, directores, subdirectores, secretarios ejecutivos de instituciones descentralizadas, Contralor y Subcontralor General de la República, director y subdirector de Probidad Administrativa, que hayan ejercido sus funciones durante los seis meses anteriores a la fecha de la elección del presidente de la República;

2. Los oficiales jefes y oficiales generales de las Fuerzas Armadas;

3. Los jefes superiores de las Fuerzas Armadas y cuerpos de Policía o de Seguridad del Estado;

4. Los militares en servicio activo y los miembros de cualquier otro cuerpo armado que hayan ejercido sus funciones durante los últimos doce meses anteriores a la fecha de la elección;

5. El cónyuge y los parientes de los jefes militares, miembros del Consejo Superior de las Fuerzas Armadas, dentro del cuarto grado de consanguinidad o segundo de afinidad;

6. Los parientes del presidente y de los designados que hubieren ejercido la Presidencia en el año precedente a la elección, dentro del cuarto grado de consanguinidad o segundo de afinidad;

7. Los representantes o apoderados de empresas concesionarias del Estado, los concesionarios del Estado para la

explotación de riquezas naturales o contratistas de servicios y obras públicas que se costeen con fondos nacionales, y quienes por tales conceptos tengan cuentas pendientes con el Estado.

Artículo 241. El presidente de la República, o quien ejerza sus funciones, no podrá ausentarse del territorio nacional por más de quince días sin permiso del Congreso Nacional o de su Comisión Permanente.

Artículo 242. Si la falta del presidente fuere absoluta, el designado que elija al efecto el Congreso Nacional ejercerá el Poder Ejecutivo por el tiempo que falte para terminar el periodo constitucional. Pero si también faltaren de modo absoluto los tres designados, el Poder Ejecutivo será ejercido por el presidente del Congreso Nacional, y a falta de este último, por el presidente de la Corte Suprema de Justicia por el tiempo que faltare para terminar el periodo constitucional.

En sus ausencias temporales, el presidente podrá llamar a uno de los designados para que lo sustituya.

Si la elección del presidente y designados no estuviere declarada un día antes del veintisiete de enero, el Poder Ejecutivo será ejercido excepcionalmente por el Consejo de Ministros, el que deberá convocar a elecciones de autoridades supremas, dentro de los quince días subsiguientes a dicha fecha. Estas elecciones se practicarán dentro de un plazo no menor de cuatro ni mayor de seis meses, contados desde la fecha de la convocatoria. Celebradas las elecciones, el Tribunal Nacional de Elecciones, o en su defecto el Congreso Nacional, o la Corte Suprema de Justicia, en su caso, hará la declaratoria correspondiente, dentro de los veinte días subsiguientes a la fecha de la elección, y los electos tomarán inmediatamente posesión de sus cargos hasta completar el periodo constitucional correspondiente.

Mientras las nuevas autoridades supremas electas toman posesión de su respectivos cargos, deberán continuar interinamente en el desempeño de sus funciones, los diputados al Congreso Nacional y los magistrados de la Corte Suprema de Justicia.

Artículo 243. Si al iniciar el periodo constitucional para el cual ha sido electo, el presidente no se presentare, por mientras este se presenta ejercerá el Poder Ejecutivo el designado a la Presidencia electo por el Congreso Nacional.

Artículo 244. La promesa de ley del presidente de la República o del sustituto legal de este, será presentada ante el presidente del Congreso Nacional, si estuviere reunido, y en su defecto ante el presidente de la Corte Suprema de Justicia.

En caso de no poder presentarla ante los funcionarios antes mencionados podrá hacerlo ante cualquier juez de Letras o de Paz de la República.

Artículo 245. El Presidente de la República tiene la administración general del Estado; son sus atribuciones:

1. Cumplir y hacer cumplir la Constitución, los tratados y convenciones, leyes y demás disposiciones legales;

2. Dirigir la política general del Estado y representarlo;

3. Mantener incólume la independencia y el honor de la República, la integridad e inviolabilidad del territorio nacional;

4. Mantener la paz y seguridad interior de la República y repeler todo ataque o agresión exterior;

5. Nombrar y separar libremente a los secretarios y subsecretarios de Estado, y a los demás funcionarios y empleados cuyo nombramiento no este atribuido a otras autoridades;

6. Excitar al Congreso Nacional a sesiones extraordinarias por medio de la Comisión Permanente o proponerle la prorroga de las ordinarias;

7. Restringir o suspender el ejercicio de derechos, de acuerdo con el Consejo de Ministros, con sujeción a lo establecido en esta Constitución;

8. Dirigir mensajes al Congreso Nacional en cualquier época, y obligatoriamente en forma personal y por escrito al instalarse cada legislatura ordinaria;

9. Participar en la formación de las leyes presentando proyectos al Congreso Nacional por medio de los secretarios de Estado;

10. Dar a los Poderes Legislativo, Judicial y Tribunal Nacional de Elecciones, los auxilios y fuerzas que necesiten para hacer efectivas sus resoluciones;

11. Emitir acuerdos y decretos y expedir reglamentos y resoluciones conforme a la Ley.

12. Dirigir la política y las relaciones internacionales;

13. Celebrar tratados y convenios, ratificar, previa aprobación del Congreso Nacional, los Tratados Internacionales de carácter político, militar, los relativos al territorio nacional, soberanía y concesiones, los que impliquen obligaciones financieras para la Hacienda Pública o los que requieran modificación o derogación de alguna disposición constitucional o legal y los que necesiten medidas legislativas para su ejecución;

14. Nombrar los jefes de misión diplomática y consular de conformidad con la Ley del Servicio Exterior que se emita, quienes deberán ser hondureños por nacimiento, excepto si

se trata de un cargo ad-honorem o de representaciones conjuntas de Honduras con otros Estados;

15. Recibir a los jefes de misiones diplomáticas extranjeras, a los representantes de organizaciones internacionales; expedir y retirar el Exequatur a los cónsules de otros estados;

16. Ejercer el mando en jefe de las Fuerzas Armadas en su carácter de Comandante General, y adoptar las medidas necesarias para la defensa de la República;

17. Declarar la guerra y hacer la paz en receso del Congreso Nacional, el cual deberá ser convocado inmediatamente;

18. Velar en general por la conducta oficial de los funcionarios y empleados públicos para la seguridad y prestigio del gobierno y del Estado;

19. Administrar la Hacienda Pública;

20. Dictar medidas extraordinarias en materia económica y financiera cuando así lo requiera el interés nacional, debiendo dar cuenta al Congreso Nacional;

21. Negociar empréstitos, efectuar su contratación previa aprobación del Congreso Nacional cuando corresponda;

22. Formular el Plan Nacional de Desarrollo, discutirlo en Consejo de Ministros, someterlo a la aprobación del Congreso Nacional, dirigirlo y ejecutarlo;

23. Regular las tarifas arancelarias de conformidad con la Ley;

24. Indultar y conmutar las penas conforme a la Ley;

25. Conferir condecoraciones conforme a la Ley;

26. Hacer que se recauden las rentas del Estado y reglamentar su inversión con arreglo a la Ley;

27. Publicar trimestralmente el Estado de Ingresos y Egresos de la Renta Pública;

28. Organizar, dirigir, orientar y fomentar la educación pública, erradicar el analfabetismo, difundir y perfeccionar la educación técnica;

29. Adoptar las medidas de promoción, prevención, recuperación y rehabilitación de la salud de los habitantes;

30. Dirigir la política económica y financiera del Estado;

31. Ejercer vigilancia y control de las instituciones bancarias, aseguradoras y financieras por medio de la Comisión Nacional de Bancos y Seguros, cuya integración y funcionamiento se regirá en virtud de una ley especial y nombrar los presidentes y vicepresidentes de los bancos del Estado conforme a la Ley; 32. Dictar todas las medidas y disposiciones que estén a su alcance para promover la rápida ejecución de la reforma Agraria y el desarrollo de la producción y la productividad en el agro;

33. Sancionar, vetar, promulgar y publicar las leyes que apruebe el Congreso Nacional;

34. Dirigir y apoyar la política de Integración Económica y Social, tanto nacional como internacional, tendiente al mejoramiento de las condiciones de vida del pueblo hondureño;

35. Crear, mantener y suprimir servicios públicos y tomar las medidas que sean necesarias para el buen funcionamiento de los mismos;

36. Conferir grados militares desde subteniente hasta capitán, inclusive;

37. Velar porque el Ejército sea apolítico, esencialmente profesional y obediente;

38. Conceder y cancelar cartas de naturalización, autorizadas por el Poder Ejecutivo, conforme a la Ley;

39. Conceder pensiones, gratificaciones y aguinaldos, de acuerdo con la Ley;

40. Conceder personalidad jurídica a las asociaciones Civiles de conformidad con la Ley;

41. Velar por la armonía entre el capital y el trabajo;

42. Revisar y fijar el salario mínimo de conformidad con la Ley;

43. Permitir o negar, previa autorización del Congreso Nacional, el transito por el territorio de Honduras, de tropas de otro país;

44. Permitir, previa autorización del Congreso Nacional, la salida de tropas hondureñas a prestar servicios en territorio extranjero, de conformidad con los tratados y convenciones internacionales para operaciones sobre el mantenimiento de la paz; y,

45. Las demás que le confiere la Constitución y las leyes.

Capítulo VII. De las Secretarías de Estado

Artículo 246. Para la administración general del país habrá por lo menos doce Secretarías de Estado, entre las cuales se distribuirán los ramos de Gobernación y Justicia, despacho Presidencial, Relaciones Exteriores, Economía y comercio, Hacienda y Crédito Público, Defensa Nacional y seguridad pública, Trabajo y Asistencia Social, Salud Pública, Educación Pública, Comunicaciones, Obras Públicas y Transporte, Cultura y Turismo, Recursos Naturales, y las demás que se crearen de acuerdo con la Ley.

Artículo 247. Los secretarios de Estado son colaboradores del presidente de la República en la orientación, coordinación, dirección y supervisión de los órganos y entidades de la administración pública nacional, en el área de su competencia.

Artículo 248. Los decretos, reglamentos, acuerdos, ordenes y providencias del presidente de la República, deberán ser autorizados por los secretarios de Estado en sus respectivos ramos o por los subsecretarios en su caso. Sin estos requisitos no tendrán fuerza legal.

Los secretarios de Estado y los subsecretarios, serán solidariamente responsables con el presidente de la República por los actos que autoricen.

De las resoluciones tomadas en Consejo de Ministros, serán responsables los ministros presentes, a menos que hubieren razonado su voto en contra.

Artículo 249. Para ser secretario o subsecretario se requieren los mismos requisitos que para ser presidente de la República.

Los subsecretarios sustituirán a los secretarios por ministerio de ley.

Artículo 250. No pueden ser secretarios de Estado:

1. Los designados a la Presidencia de la República, los parientes del presidente y de los designados, dentro del cuarto grado de consanguinidad y segundo de afinidad;

2. Los que hubieren administrado o recaudado valores públicos, mientras no tengan el finiquito de solvencia de su cuenta;

3. Los deudores morosos de la Hacienda Pública; y,

4. Los concesionarios del Estado, sus apoderados o representantes para la explotación de riquezas naturales o contratistas de servicios y obras públicas que se costeen con fondos del Estado, y quienes por tales conceptos tengan cuentas pendientes con este.

Artículo 251. El Congreso Nacional puede llamar a los secretarios de Estado y estos deben contestar las interpelaciones que se les hagan, sobre asuntos referentes a la administración pública.

Artículo 252. El presidente de la República convoca y preside el Consejo de Ministros. Todas las resoluciones del Consejo se tomarán por simple mayoría y en caso de empate, el presidente tendrá doble voto.

El Consejo se reunirá por iniciativa del presidente para tomar resolución en todos los asuntos que juzgue de importancia nacional y para conocer de los casos que señale la Ley.

Actuará como secretario, el secretario de Estado en el Despacho de la Presidencia.

Artículo 253. Es incompatible con la función de secretario de Estado, el ejercicio de otro cargo público, salvo en el caso en que las leyes le asignen otras funciones. Son aplicables a los secretarios de Estado en lo conducente, las reglas, prohibiciones y sanciones establecidas en los artículos 203 y 204.

Artículo 254. Los secretarios del Estado deben presentar anualmente al Congreso Nacional, dentro de los primeros quince días de su instalación, un informe de los trabajos realizados en sus respectivos despachos.

Artículo 255. Los actos administrativos de cualquier órgano del Estado que deban producir efectos jurídicos de carácter general, serán publicados en el Diario Oficial «La Gaceta» y su validez se regulará conforme a lo dispuesto en esta Constitución para la vigencia de Ley.

Capítulo VIII. Del Servicio Civil

Artículo 256. El régimen de Servicio Civil regula las relaciones de empleo y función pública que se establecen entre el Estado y sus servidores, fundamentados en principios de idoneidad, eficiencia y honestidad. La administración de personal estará sometida a métodos científicos basados en el sistema de méritos.

El Estado protegerá a sus servidores dentro de la carrera administrativa.

Artículo 257. La Ley regulará el Servicio Civil y en especial las condiciones de ingreso a la administración pública; y las promociones y ascensos a base de méritos y aptitudes; la garantía de permanencia, los traslados, suspensiones y garantías; los deberes de los servidores públicos y los recursos contra las resoluciones que los afecten.

Artículo 258. Tanto en el Gobierno Central como en los organismos descentralizados del Estado, ninguna persona podrá desempeñar a la vez dos o más cargos públicos remunerados, excepto quienes presten servicios asistenciales de salud y en la docencia.

Ningún funcionario, empleado o trabajador público que perciba un sueldo regular, devengara dieta o bonificación por la prestación de un servicio en cumplimiento de sus funciones.

Artículo 259. Las disposiciones de este Capítulo se aplicarán a los funcionarios y empleados de las Instituciones Autónomas y Municipales.

Capítulo IX. De las instituciones descentralizadas

Artículo 260. Las instituciones descentralizadas solamente podrán crearse mediante ley especial y siempre que se garantice:

1. La mayor eficiencia en la administración de los intereses nacionales;

2. La satisfacción de necesidades colectivas de servicio público, sin fines de lucro;

3. La mayor efectividad en el cumplimiento de los fines de la Administración Pública;

4. La justificación económica, administrativa, del costo de su funcionamiento, del rendimiento o utilidad esperados o en su caso, de los ahorros previstos;

5. La exclusividad de la competencia, de modo tal que su creación no supone duplicación con otros órganos de la Administración Pública ya existentes;

6. El aprovechamiento y explotación de bienes o recursos pertenecientes al Estado; la participación de este en aquellas áreas de actividades económicas que considere necesarias y convenientes para cumplir sus fines de progreso social y bienestar general; y,

7. El régimen jurídico general de las instituciones descentralizadas se establecerá mediante la ley general de la Administración Pública que se emita.

Artículo 261. Para crear o suprimir un organismo descentralizado, el Congreso Nacional resolverá por los dos tercios de votos de sus miembros.

Previa la emisión de leyes relativas a las instituciones descentralizadas, el Congreso Nacional deberá solicitar la opinión del Poder Ejecutivo.

Artículo 262. Las instituciones descentralizadas gozan de independencia funcional y administrativa, y a este efecto podrán emitir los reglamentos que sean necesarios de conformidad con la Ley.

Las instituciones descentralizadas funcionarán bajo la dirección y supervisión del Estado y sus presidentes, directores o gerentes responderán por su gestión. La Ley establecerá los mecanismos de control necesarios sobre las instituciones descentralizadas.

Artículo 263. No podrán ser presidentes, gerentes generales, directores generales de las instituciones descentralizadas:

1. Los parientes del presidente de la República dentro del cuarto grado de consanguinidad o segundo de afinidad; y,

2. Los designados a la Presidencia de la República ni sus parientes dentro del cuarto grado de consanguinidad o segundo de afinidad.

Artículo 264. Los presidentes, directores generales y gerentes de los organismo descentralizados del Estado durarán hasta cuatro años en sus funciones y su forma de nombramiento y remoción será de conformidad con las respectivas leyes de creación de las mismas.

Artículo 265. Son funcionarios de confianza del Ejecutivo, los que a cualquier título ejerzan las funciones de dirección de los organismos descentralizados, pero las relaciones laborales de los demás servidores de dichas instituciones serán reguladas por el régimen jurídico aplicable a los trabajadores en general. La modalidad, contenido y alcances de dichos regímenes se normarán por las leyes, reglamentos y convenios colectivos pertinentes.

Artículo 266. Las instituciones descentralizadas someterán al Gobierno Central, el Plan Operativo correspondiente al ejercicio de que se trate, acompañando un informe descriptivo y analítico de cada una de las actividades especificas fundamentales a cumplir, juntamente con un presupuesto integral para la ejecución del referido plan.

La Secretaría de Estado en el Despacho de Hacienda y Crédito Público y el Consejo Superior de Planificación Económica, elaborarán por separado dictámenes con el objeto de determinar la congruencia de tales documentos con los planes de desarrollo aprobados.

Una vez aprobados por el presidente de la República los dictámenes serán remitidos a las instituciones descentralizadas a que correspondan.

Los órganos directivos de las instituciones descentralizadas no aprobarán ni el plan ni el presupuesto anual, en tanto no se incorporen a los mismos las modificaciones propuestas en el respectivo dictamen.

Artículo 267. Los organismos descentralizados del Estado enviarán al Poder Legislativo dentro de los primeros treinta días de su instalación, los respectivos anteproyectos desglosados anuales de presupuesto para su aprobación.

Artículo 268. Las instituciones descentralizadas deberán presentar al Gobierno Central un informe detallado de los resultados líquidos de las actividades financieras de su ejercicio económico anterior.

Igualmente deberán presentar un informe sobre el progreso físico y financiero de todos los programas y proyectos en ejecución.

La Secretaría de Estado en los Despachos de Hacienda y Crédito Público y el Consejo Superior de Planificación Económica, evaluarán los resultados de la gestión de cada entidad descentralizada y harán las observaciones y recomendaciones pertinentes.

Artículo 269. El Poder Ejecutivo podrá disponer por medio del conducto correspondiente, de las utilidades netas de las instituciones descentralizadas que realicen actividades económicas, cuando no afecten el desarrollo de las mismas ni la ejecución de sus programas o proyectos prioritarios.

Artículo 270. La Ley señalará los contratos que deben ser sometidos a licitación pública por las instituciones descentralizadas.

Artículo 271. Cualquier modificación sustancial al Plan Operativo y al presupuesto de una institución descentralizada, requerirá previamente el dictamen favorable del Consejo Superior de Planificación Económica y de la Secretaría de Estado en los Despachos de Hacienda y Crédito Público.

Capítulo X. De las Fuerzas Armadas

Artículo 272. Las Fuerzas Armadas de Honduras son una institución nacional de carácter permanente, esencialmente profesional, apolítica, obediente y no deliberante.

Se instituyen para defender la integridad territorial y la soberanía de la República, mantener la paz, el orden público y el imperio de la Constitución, los principios de libre sufragio y la alternabilidad en el ejercicio de la Presidencia de la República.

Artículo 273. Las Fuerzas Armadas estarán integradas por el alto mando, Ejército, Fuerza Aérea, Fuerza Naval, Fuerza de Seguridad Pública, los organismos y dependencias que determine su ley constitutiva.

Artículo 274. Las Fuerzas Armadas estarán sujetas a las disposiciones de su ley constitutiva y a las demás leyes y reglamentos que regulen su funcionamiento. Cooperarán con el Poder Ejecutivo en las labores de alfabetización, educación, agricultura, conservación de recursos naturales, vialidad, comunicaciones, sanidad, Reforma agraria y situaciones de emergencia.

Artículo 275. Una Ley especial regulará el funcionamiento de los Tribunales Militares.

Artículo 276. El servicio militar es obligatorio para los ciudadanos entre los dieciocho y treinta años de edad. Una ley especial regulará su funcionamiento.
En caso de guerra internacional, son soldados todos los hondureños capaces de prestar servicios, sin discriminación alguna.

Artículo 277. Las Fuerzas Armadas estarán bajo el mando directo del jefe de las Fuerzas Armadas; por su intermedio, ejercerá el presidente de la República la función constitucional que le corresponda respecto a las mismas, de acuerdo con la Ley Constitutiva de las Fuerzas Armadas.

Artículo 278. Las ordenes que imparta el presidente de la República a las Fuerzas Armadas, por intermedio del jefe de las mismas, deberán ser acatadas y ejecutadas.

Artículo 279. El jefe de las Fuerzas Armadas deberá ser un oficial general o superior con el grado de coronel de las Armas o su equivalencia, en servicio activo, hondureño de nacimiento y será elegido por el Congreso Nacional de una terna propuesta por el Consejo Superior de las Fuerzas Armadas.

Durará en sus funciones cinco años y solo podrá ser removido de su cargo por el Congreso Nacional, cuando hubiere sido declarado con lugar a formación de causa por dos tercios de votos de sus miembros; y en los demás casos previstos por la Ley Constitutiva de las Fuerzas Armadas.

No podrá ser elegido jefe de las Fuerzas Armadas ningún pariente del presidente de la República o de sus sustitutos legales, dentro del cuarto grado de consanguinidad o segundo de afinidad.

Artículo 280. El jefe de las Fuerzas Armadas, al tomar posesión de su cargo, prestará ante el Congreso Nacional la promesa legal correspondiente a todo funcionario público.

Artículo 281. En caso de ausencia temporal del jefe de las Fuerzas Armadas, desempeñará sus funciones el jefe del Estado Mayor General de las Fuerzas Armadas.

En caso de ausencia definitiva, el Consejo Superior de las Fuerzas Armadas propondrá dentro de los quince días siguientes, la terna de candidatos para que el Congreso Nacional elija a quien ha de llenar la vacante para el resto del periodo para el cual aquel hubiere sido electo.

Mientras se produce la elección, llenará la vacante el jefe del Estado Mayor General de las Fuerzas Armadas.

Artículo 282. Los nombramientos del personal de las Fuerzas Armadas los hará el Jefe de las Fuerzas Armadas, por medio de la Secretaría de Defensa Nacional y Seguridad Pública.

Artículo 283. El Estado Mayor General de las Fuerzas Armadas es una dependencia de la jefatura de las mismas y tendrá las funciones de la jefatura de las mismas y tendrá las funciones que la Ley indique.

Artículo 284. El territorio de la República se dividirá en Regiones Militares por razones de seguridad nacional y cada una estará a cargo de un jefe de Región Militar.

Cada región funcionará de acuerdo a las disposiciones de la Ley respectiva y podrá ser dividida en distritos y secciones de acuerdo a disposiciones del jefe de las Fuerzas Armadas.

Artículo 285. El Consejo Superior de las Fuerzas Armadas es el órgano de consulta en todos los asuntos relacionados con la institución.

Actuará como órgano de decisión en las materias de su competencia y como Tribunal Superior de las Fuerzas Armadas en los asuntos que sean sometidos a su conocimiento.

Artículo 286. El Consejo Superior de las Fuerzas Armadas será presidido por el jefe de las mismas y estará integrado según lo preceptuado en la Ley Constitutiva de las Fuerzas Armadas.

Artículo 287. Crease el Consejo Nacional de Defensa y Seguridad; una Ley especial regulará su organización y funcionamiento.

Artículo 288. En los centros de formación militar se educarán los aspirantes a oficiales de las Fuerzas Armadas. Se organizarán centros de capacitación para las armas y servicios de acuerdo con las necesidades de la institución.

Artículo 289. Se establece el Colegio de Defensa Nacional, como el más alto centro de estudio de las Fuerzas Armadas, encargado de la capacitación del personal militar y civil selecto, para que en acción conjunta de los campos político, económico, social y militar, participen en la planificación estratégica nacional.

Artículo 290. Los grados militares solo se adquieren por riguroso ascenso de acuerdo con la Ley respectiva.

Los militares no podrán ser privados de sus grados, honores y pensiones en otra forma que la fijada por la Ley.

Los ascensos desde subtenientes hasta capitán inclusive, serán otorgados por el presidente de la República a propuesta del jefe de las Fuerzas Armadas; los ascensos desde mayor hasta general de División inclusive, serán otorgados por el Congreso Nacional a propuesta conjunta del presidente de la República y del jefe de las Fuerzas Armadas.

El Estado Mayor General de las Fuerzas Armadas emitirá dictamen en cada ascenso solicitado.

Artículo 291. Para la protección, bienestar y seguridad social de todos los miembros de las Fuerzas Armadas, funcionará el Instituto de Previsión Militar, de acuerdo con la Ley correspondiente.

Artículo 292. Queda reservada como facultad privativa de las Fuerzas Armadas, la fabricación, importación, distribución y venta de armas, municiones y artículos similares.

Artículo 293. La administración de los fondos asignados al ramo de Defensa, estará a cargo de la Pagaduría General de las Fuerzas Armadas, la que recibirá de la Secretaría de Hacienda y Crédito Público por trimestres adelantados, los fondos asignados en el Presupuesto General de Ingresos y Egresos de la República.

Capítulo XI. Del régimen departamental y municipal

Artículo 294. El territorio nacional se dividirá en departamentos. Su creación y límites serán decretados por el Congreso Nacional.
Los departamentos se dividirán en municipios autónomos administrados por corporaciones electas por el pueblo de conformidad con la Ley.

Artículo 295. El Distrito Central lo forman un solo municipio, los antiguos de Tegucigalpa y Comayaguela.

Artículo 296. La Ley establecerá la organización y funcionamiento de las municipalidades y los requisitos para ser funcionario o empleado municipal.

Artículo 297. Las municipalidades nombrarán libremente a los empleados de su dependencia incluyendo a los agentes de la policía que costeen sus propios fondos.

Artículo 298. En el ejercicio de sus funciones privativas y siempre que no contraríen las leyes, las Corporaciones Municipales serán independientes de los poderes del Estado, responderán ante los tribunales de justicia por los abusos que cometan individual o colectivamente, sin perjuicio de la responsabilidad administrativa.

Artículo 299. El desarrollo económico y social de los municipios debe formar parte de los programas de Desarrollo Nacional.

Artículo 300. Todo municipio tendrá tierras ejidales suficientes que le aseguren su existencia y normal desarrollo.

Artículo 301. Deberán ingresar al Tesoro Municipal los impuestos y contribuciones que graven los ingresos provenientes de inversiones que se realicen en la respectiva comprensión municipal, lo mismo que la participación que le corresponda por la explotación o industrialización de los recursos naturales ubicados en su jurisdicción municipal, salvo que razones de conveniencia nacional obliguen a darles otros destinos.

Artículo 302. Para los fines exclusivos de procurar el mejoramiento y desarrollo de las comunidades, los ciudadanos tendrán derecho a asociarse libremente en patronatos, a constituir federaciones y confederaciones. La Ley reglamentará este derecho.

Capítulo XII. Del Poder Judicial

Artículo 303. La potestad de impartir justicia emana del pueblo y se administra gratuitamente en nombre del Estado por magistrados y jueces independientes. El Poder Judicial se integra por una Corte Suprema de Justicia, por las Cortes de Apelaciones y los Juzgados que establezca la Ley.

La Corte Suprema de Justicia tendrá su asiento en la capital de la República, estará formada por nueve magistrados propietarios y por siete suplentes, elegidos por el Congreso Nacional y estará dividida en salas, de acuerdo con lo que disponga el Reglamento Interno de la misma Corte.

Artículo 304. El presidente de la Corte Suprema de Justicia será efecto por el Congreso Nacional por un periodo de cuatro años.

Artículo 305. El periodo de los magistrados de la Corte Suprema de Justicia será de cuatro años y pueden ser reelectos.

Las vacantes serán llenadas por el periodo complementario.

Artículo 306. El Poder Judicial tendrá una asignación anual no menor de tres por ciento del Presupuesto de Ingresos netos de la República, excluidos los préstamos y donaciones.

Artículo 307. Para ser magistrado de la Corte Suprema de Justicia se requiere: ser ciudadano en el ejercicio de sus derechos, hondureño por nacimiento, abogado de los Tribunales de la República, colegiado, mayor de treinta y cinco años, del estado seglar y haber desempeñado los cargos de juez de Letras o Magistrado de la Corte de Apelaciones durante cinco años, por lo menos, o ejercido la profesión por diez años.

Artículo 308. No pueden ser elegidos magistrados de la Corte Suprema de Justicia:

1. Los que tengan cualquiera de las inhabilidades para secretario de Estado; y,

2. Los parientes entre sí en el cuarto grado de consanguinidad o segundo de afinidad.

Lo dispuesto en el numeral 1 precedente, es aplicable al nombramiento de los magistrados de las Cortes de Apelaciones; y, la inhabilidad del numeral 2 precedente, es aplicable al nombramiento de los magistrados de una misma Corte de Apelaciones.

Artículo 309. Los jueces y magistrados no podrán ser separados, suspendidos, trasladados ni jubilados, sino por las causas y con las garantías previstas en la Ley.

La Ley regulará la carrera judicial y lo conducente para asegurar la idoneidad, estabilidad e independencia de los jueces, además de establecer las normas relativas a la competencia, organización y funcionamiento de los Tribunales, en lo no previsto por esta Constitución.

Artículo 310. En ningún juicio habrá más de dos instancias, el juez o magistrado que haya ejercido jurisdicción en una de ellas no podrá conocer en la otra, ni en casación en el mismo asunto, sin incurrir en responsabilidad.

Tampoco podrán juzgar en una misma causa los parientes dentro del cuarto grado de consanguinidad o segundo de afinidad.

Artículo 311. La calidad de juez o magistrado en funciones es incompatible con el libre ejercicio de la profesión del Derecho y con la de funcionario o empleado de otros poderes públicos, excepto la de docente y de diplomático ad-hoc.

Los jueces y magistrados en funciones no podrán participar por motivo alguno en actividades políticas partidistas de cualquier clase, excepto la de emitir su voto personal, tampoco podrán sindicalizarse ni declararse en huelga.

Artículo 312. Los magistrados, jueces, agentes del Ministerio Público y oficiales de justicia, no podrán ser obligados a prestar servicio militar, ni a concurrir a ejercicios o prácticas militares.

Artículo 313. Los Tribunales de Justicia requerirán el auxilio de la Fuerza Pública para el cumplimiento de sus resoluciones; si les fuera negado o no lo hubiere disponible, lo exigirán de los ciudadanos.

El que injustificadamente se negare a dar auxilio, incurrirá en responsabilidad.

Artículo 314. Es facultad privativa de los Tribunales de Justicia, juzgar y ejecutar lo juzgado. A ellos corresponde la aplicación de las leyes en casos concretos.

Artículo 315. En caso de incompatibilidad entre una norma constitucional y una legal ordinaria, el juez aplicará la primera.

Igualmente aplicará la norma legal sobre toda otra norma subalterna.

Artículo 316. La Ley reglamentará la organización y funcionamiento de los Tribunales, Juzgados y Ministerio Público.

Artículo 317. La Ley, sin menoscabo de la independencia de los jueces y magistrados, dispondrá lo necesario a fin de asegurar el correcto y normal funcionamiento de los tribunales de justicia proveyendo los medios eficaces para atender a sus necesidades funcionales y administrativas, así como la organización de los servicios auxiliares.

Artículo 318. Crease la jurisdicción de lo contencioso administrativo. La Ley establecerá la competencia de los tribunales de la materia, así como su organización y funcionamiento.

Artículo 319. La Corte Suprema de Justicia, tendrá las atribuciones siguientes:

1. Aprobar su Reglamento Interior;
2. Conocer de los delitos oficiales y comunes de los altos funcionarios de la República, cuando el Congreso Nacional los haya declarado con lugar a formación de causa;
3. Conocer en segunda instancia de los asuntos que las Cortes de Apelaciones hayan conocido en primera instancia;
4. Conferir el título de abogado y autorizar a quienes lo hayan obtenido para el ejercicio del notariado;
5. Declarar que hay o no lugar a formación de causa contra los funcionarios y empleados que la Ley determine;
6. Conocer de las causas de extradición y de las demás que deban juzgarse conforme al Derecho Internacional;
7. Conocer de los recursos de casación conforme a la Ley,
8. Conocer de los recursos de amparo y revisión conforme a la Ley;
9. Nombrar los magistrados, jueces, fiscales y demás funcionarios y empleados conforme a la Ley.
10. Publicar la Gaceta Judicial;
11. Admitir o no la renuncia de los funcionarios de su nombramiento y conceder licencia tanto a estos como a sus propios miembros;

12. Declarar la inconstitucionalidad de las leyes en la forma y casos previstos en esta Constitución;

13. Elaborar el Proyecto del presupuesto del Poder Judicial y remitirlo al Poder Ejecutivo para su inclusión en el Presupuesto General de Ingresos y Egresos; y,

14. Las demás que le confieren esta Constitución y las leyes.

Artículo 320. La Pagaduría Especial del Poder Judicial atenderá el pago de los sueldos correspondientes a los funcionarios y empleados de la administración de justicia y los gastos e inversiones del mismo ramo.

La Tesorería General de la República acreditará por trimestres anticipados los fondos necesarios para efectuar dichos pagos.

La Pagaduría Especial del Poder Judicial estará bajo la dependencia inmediata de la Corte Suprema de Justicia.

Corresponde a la Corte Suprema de Justicia el nombramiento del pagador. Este deberá rendir caución de conformidad con la Ley.

Capítulo XIII. De la responsabilidad del Estado y de sus servidores

Artículo 321. Los servidores del Estado no tienen más facultad que las que expresamente les confiere la Ley. Todo acto que ejecuten fuera de la Ley es nulo e implica responsabilidad.

Artículo 322. Todo funcionario público al tomar posesión de su cargo prestará la siguiente promesa de Ley: «Prometo ser fiel a la República, cumplir y hacer cumplir la Constitución y las leyes».

Artículo 323. Los funcionarios son depositarios de la autoridad, responsables legalmente por su conducta oficial sujetos a la Ley y jamás superiores a ella.

Ningún funcionario o empleado, civil o militar, está obligado a cumplir ordenes ilegales o que impliquen la comisión de delito.

Artículo 324. Si el servidor público en el ejercicio de su cargo, infringe la Ley en perjuicio de particulares será civil y solidariamente responsable junto con el Estado o con la institución estatal a cuyo servicio se encuentre, sin perjuicio de la acción de repetición que estos pueden ejercitar contra el servidor responsable, en los casos de culpa o dolo.

La responsabilidad civil no excluye la deducción de las responsabilidades administrativa y penal contra el infractor.

Artículo 325. Las acciones para deducir responsabilidad civil a los servidores del Estado, prescriben en el término de diez años; y para deducir responsabilidad penal en el doble del tiempo señalado por la Ley penal.

En ambos casos, el término de prescripción comenzará a contarse desde la fecha en que el servidor público haya cesado en el cargo en el cual incurrió en responsabilidad.

No hay prescripción en los casos en que por acción u omisión dolosa y por motivos políticos se causare la muerte de una o más personas.

Artículo 326. Es pública la acción para perseguir a los infractores de los derechos y garantías establecidos en esta

Constitución y se ejercitará sin caución ni formalidad alguna por simple denuncia.

Artículo 327. La Ley regulará la responsabilidad civil del Estado, así como la responsabilidad civil solidaria, penal y administrativa de los servidores del Estado.

Título VI. Del Régimen Económico

Capítulo I. Del Sistema Económico

Artículo 328. El Sistema Económico de Honduras se fundamenta en principios de eficiencia en la producción y justicia social en la distribución de la riqueza y el ingreso nacionales, así como en la coexistencia armónica de los factores de la producción que hagan posible la dignificación del trabajo como fuente principal de la riqueza y como medio de realización de la persona humana.

Artículo 329. El Estado promueve el desarrollo económico y social, que estará sujeto a una planificación adecuada. La Ley regulará el sistema y proceso de planificación con la participación de los Poderes del Estado y las Organizaciones Políticas, económicas y sociales, debidamente representadas.

Artículo 330. La economía nacional se sustenta en la coexistencia democrática y armónica de diversas formas de propiedad y de empresa.

Artículo 331. El Estado reconoce, garantiza y fomenta las libertades de consumo, ahorro, inversión, ocupación, iniciativa, comercio, industria, contratación, de empresa y cualesquiera otras que emanen de los principios que informan esta Constitución. Sin embargo, el ejercicio de dichas libertades no podrá ser contrario al interés social ni lesivo a la moral, la salud o la seguridad pública.

Artículo 332. El ejercicio de las actividades económicas corresponde primordialmente a los particulares. Sin embargo, el Estado, por razones de orden público e interés social, podrá reservarse el ejercicio de determinadas industrias básicas, explotaciones y servicios de interés público y dictar medidas y leyes económicas, fiscales y de seguridad pública, para encauzar, estimular, supervisar, orientar y suplir la iniciativa privada, con fundamento en una política económica racional y planificada.

Artículo 333. La intervención del Estado en la economía tendrá por base el interés público y social, y por límite los derechos y libertades reconocidos por esta Constitución.

Artículo 334. Las sociedades mercantiles estarán sujetas al control y vigilancia de una Superintendencia de Sociedades, cuya organización y funcionamiento determinará la Ley.

Las cooperativas lo estarán al organismo y en la forma y alcances que establece la ley de la materia.

Artículo 335. El Estado ordenará sus relaciones económicas externas sobre las bases de una cooperación internacional justa, la integración económica centroamericana y el respeto de los tratados y convenios que suscriba, en lo que no se oponga al interés nacional.

Artículo 336. La inversión extranjera será autorizada, registrada y supervisada por el Estado. Será complementaria y jamás sustitutiva de la inversión nacional.

Las empresas extranjeras se sujetarán a las leyes de la República.

Artículo 337. La industria y el comercio en pequeña escala, constituyen patrimonio de los hondureños y su protección será objeto de una ley.

Artículo 338. La Ley regulará y fomentará la organización de cooperativas de cualquier clase, sin que se altere o eludan los principios económicos y sociales fundamentales de esta Constitución.

Artículo 339. Se prohiben los monopolios, monopsonios, oligopolios, acaparamientos y prácticas similares en la actividad industrial y mercantil.

No se consideran monopolios particulares los privilegios temporales que se conceden a los inventores, descubridores o autores en concepto de derechos de propiedad científica, literaria, artística o comercial, patentes de invención y marcas de fábrica.

Artículo 340. Se declara de utilidad y necesidad públicas, la explotación técnica y racional de los recursos naturales de la Nación.

El Estado reglamentará su aprovechamiento, de acuerdo con el interés social y fijará las condiciones de su otorgamiento a los particulares.

La reforestación del país y la conservación de bosques se declara de conveniencia nacional y de interés colectivo.

Artículo 341. La Ley podrá establecer restricciones, modalidades o prohibiciones para la adquisición, transferencia, uso y disfrute de la propiedad estatal y municipal, por razones de orden público, interés social y de conveniencia nacional.

Capítulo II. De la moneda y la banca

Artículo 342. La emisión monetaria es potestad exclusiva del Estado, que la ejercerá por medio del Banco Central de Honduras.

El régimen bancario, monetario y crediticio será regulado por la Ley.

El Estado, por medio del Banco Central de Honduras, tendrá a su cargo la formulación y desarrollo de la política monetaria, crediticia y cambiaria del país, debidamente coordinada con la política económica planificada.

Artículo 343. El Banco Central de Honduras reglamentará y aprobará el otorgamiento de préstamos, documentos, avales y demás operaciones de crédito; comisiones, gratificaciones o bonificaciones de cualquier clase que las instituciones bancarias, financieras y aseguradoras otorguen a sus accionistas mayoritarias, directores y funcionarios.

Asimismo, reglamentará y aprobará el otorgamiento de préstamos, descuentos, avales y demás operaciones de crédito a las sociedades donde aquellos tengan participación mayoritaria.

Cualquier infracción a las disposiciones de este **Artículo** será sancionada de acuerdo a las normas reglamentarias que el Banco Central emita, sin perjuicio de la acción de responsabilidad civil o penal a que hubiera lugar.

Capítulo III. De la Reforma Agraria

Artículo 344. La Reforma Agraria es un proceso integral y un instrumento de transformación de la estructura del país, destinado a sustituir el latifundio y el minifundio por un sistema de propiedad, tenencia y explotación de la tierra que garantice la justicia social en el campo y aumente la producción y la productividad del sector agropecuario.

Declárase de necesidad y utilidad públicas la ejecución de la Reforma Agraria.

Artículo 345. La Reforma Agraria constituye parte esencial de la estrategia global del desarrollo de la nación, por lo que las demás políticas económicas y sociales que el gobierno apruebe, deberán formularse y ejercitarse en forma armónica con aquella, especialmente las que tienen que ver entre otras, con la educación, la vivienda, el empleo, la infraestructura, la comercialización y la asistencia técnica y crediticia.

La Reforma Agraria se ejecutará de manera que se asegure la eficaz participación de los campesinos, en condiciones de igualdad con los demás sectores de la producción, en el proceso de desarrollo económico, social y político de la nación.

Artículo 346. Es deber del Estado dictar medidas de protección de los derechos e intereses de las comunidades indígenas existentes en el país, especialmente de las tierras y bosques donde estuvieren asentadas.

Artículo 347. La producción agropecuaria debe orientarse preferentemente a la satisfacción de las necesidades alimentarias de la población hondureña, dentro de una política de abastecimiento adecuado y precios justos para el productor y el consumidor.

Artículo 348. Los planes de Reforma agraria del Instituto Nacional Agrario y las demás decisiones del Estado en materia agraria, se formularán y ejecutarán con la efectiva participación de las organizaciones de campesinos, agricultores y ganaderos legalmente reconocidas.

Artículo 349. La expropiación de bienes con fines de Reforma agraria o de ensanche y mejoramiento de poblaciones o cualquier otro propósito de interés nacional que determine la Ley, se hará mediante indemnización justipreciada por pagos al contado y en su caso, bonos de la deuda agraria. Dichos bonos serán de aceptación obligatoria, gozarán de garantías suficientes por parte del Estado y tendrán los valores nominales, plazos de redención, tasas de interés y demás requisitos que la Ley de Reforma Agraria determine.

Artículo 350. Los bienes expropiables para fines de Reforma Agraria o de ensanche y mejoramiento de poblaciones, son exclusivamente los predios rústicos y sus mejoras útiles y necesarias que se encuentren adheridas a los mismos y cuya separación pudiere menoscabar la unidad económica productiva.

Capítulo IV. Del Régimen Financiero

Artículo 351. El sistema tributario se regirá por los principios de legalidad, proporcionalidad, generalidad y equidad, de acuerdo con la capacidad económica del contribuyente.

Capítulo V. De la Hacienda Pública

Artículo 352. Forman la Hacienda Pública:

1. Todos los bienes muebles e inmuebles del Estado;
2. Todos sus créditos activos; y,
3. Sus disponibilidades liquidas.

Artículo 353. Son obligaciones financieras del Estado:

1. Las deudas legalmente contraídas para gastos corrientes o de inversión, originadas en la ejecución del Presupuesto General de Ingresos y Egresos; y,
2. Las demás deudas legalmente reconocidas por el Estado.

Artículo 354. Los bienes fiscales o patrimoniales solamente podrán ser adjudicados o enajenados a las personas y en la forma y condiciones que determinen las leyes.

El Estado se reserva la potestad de establecer o modificar la demarcación de las zonas de control y protección de los recursos en el territorio nacional.

Artículo 355. La administración de los fondos públicos corresponde al Poder Ejecutivo.

Para la percepción, custodia y erogación de dichos fondos, habrá un servicio general de tesorería.

El Poder Ejecutivo, sin embargo, podrá delegar en el Banco Central, las funciones de recaudador y depositario.

También la Ley podrá establecer servicios de pagadurías especiales.

Artículo 356. El Estado solamente garantiza el pago de la deuda pública que contraigan los gobiernos constitucionales, de acuerdo con esta Constitución y las leyes.

Cualquier norma o acto que contravenga lo dispuesto en este **Artículo,** hará incurrir a los infractores en responsabilidad civil, penal y administrativa, que será imprescriptible.

Artículo 357. Las autorizaciones de endeudamiento externo e interno del Gobierno Central, organismos descentralizados y gobiernos municipales, que incluyan garantías y avales del Estado, serán reguladas por la Ley.

Artículo 358. Los gobiernos locales podrán realizar operaciones de crédito interno bajo su exclusiva responsabilidad, pero requerirán las autorizaciones señaladas por leyes especiales.

Artículo 359. La tributación, el gasto y el endeudamiento públicos, deben guardar proporción con el producto interno bruto, de acuerdo con la Ley.

Artículo 360. Los contratos que el Estado celebre para la ejecución de obras públicas, adquisición de suministros y servicios, de compra-venta o arrendamiento de bienes, deberán ejecutarse previa licitación, concurso o subasta de conformidad con la Ley.

Se exceptúan los contratos que tengan por objeto proveer a las necesidades ocasionadas por un estado de emergencia y los que por su naturaleza no puedan celebrarse sino con persona determinada.

Capítulo VI. Del presupuesto

Artículo 361. Son recursos financieros del Estado:

1. Los ingresos que perciba por impuestos, tasas, contribuciones, regalías, donaciones o por cualquier otro concepto;

2. Los ingresos provenientes de empresas estatales, de capital mixto o de aquellas en que el Estado tenga participación social; y,

3. Los ingresos extraordinarios que provengan del crédito público o de cualquier otra fuente.

Artículo 362. Todos los ingresos y egresos fiscales constarán en el Presupuesto General de la República, que se votará anualmente de acuerdo con la política económica planificada y con los planes anuales operativos aprobados por el Gobierno.

Artículo 363. Todos los ingresos fiscales ordinarios constituirán un solo fondo.

No podrá crearse ingreso alguno destinado a un fin especifico. No obstante, la Ley podrá afectar ingresos al servicio de la deuda pública y disponer que el producto de determinados impuestos y contribuciones generales, sea dividido entre la Hacienda Nacional y la de los municipios, en proporciones o cantidades previamente señaladas.

La Ley podrá, asimismo, de conformidad con la política planificada, autorizar a determinadas empresas estatales o mixtas para que perciban, administren o inviertan recursos financieros provenientes del ejercicio de actividades económicas que les corresponden.

Artículo 364. No podrá hacerse ningún compromiso o efectuarse pago alguno fuera de las asignaciones votadas en el Presupuesto, o en contravención a las normas presupuestarias.

Los infractores serán responsables civil, penal y administrativamente.

Artículo 365. Poder Ejecutivo, bajo su responsabilidad y siempre que el Congreso Nacional no estuviere reunido, podrá contratar empréstitos, variar el destino de una partida autorizada o abrir créditos adicionales, para satisfacer necesidades urgentes o imprevistos en caso de guerra, conmoción interna o calamidad pública, o para atender compromisos internacionales, de todo lo cual dará cuenta pormenorizada al Congreso Nacional en la subsiguiente legislatura.

En la misma forma procederá cuando se trate de obligaciones a cargo del Estado provenientes de sentencias definitivas firmes, para el pago de prestaciones laborales, cuando no existiere partida o esta estuviere agotada.

Artículo 366. El Presupuesto será votado por el Poder Legislativo con vista al Proyecto que presente el Poder Ejecutivo.

Artículo 367. El Proyecto de Presupuesto será presentado por el Poder Ejecutivo al Congreso Nacional dentro de los primeros quince días del mes de septiembre de cada año.

Artículo 368. La Ley Orgánica del Presupuesto establecerá lo concerniente a la preparación, elaboración, ejecución y liquidación del presupuesto. Cuando al cierre de un ejercicio fiscal no se hubiere votado el Presupuesto para el nuevo ejercicio, continuará en vigencia el correspondiente al periodo anterior.

Artículo 369. La Ley determinará la organización y funcionamiento de la Proveeduría General de la República.

Artículo 370. Para el control y vigilancia de la propiedad estatal, mueble e inmueble, habrá una oficina de administración de bienes nacionales. La Ley determinará su organización y funcionamiento.

Artículo 371. La fiscalización preventiva de la ejecución del Presupuesto General de Ingresos y Egresos de la República, estará a cargo del Poder Ejecutivo, que deberá especialmente:

1. Verificar la recaudación y vigilar la custodia, el compromiso y la erogación de fondos públicos; y,

2. Aprobar todo egreso de fondos públicos, de acuerdo con el Presupuesto.

La Ley establecerá los procedimientos y alcances de esta fiscalización.

Artículo 372. La fiscalización preventiva de las instituciones descentralizadas y de las municipales, se verificará de acuerdo con lo que determinan las leyes respectivas.

Título VII. De la reforma y la inviolabilidad de la Constitución

Capítulo I. De la reforma de la Constitución

Artículo 373. La reforma de esta Constitución podrá decretarse por el Congreso Nacional, en sesiones ordinarias, con dos tercios de votos de la totalidad de sus miembros. El decreto señalará al efecto el **Artículo** o artículos que hayan de reformarse, debiendo ratificarse por la subsiguiente legislatura ordinaria, por igual número de votos, para que entre en vigencia.

Artículo 374. No podrán reformarse, en ningún caso, el **Artículo** anterior, el presente **Artículo**, los artículos constitucionales que se refieren a la forma de gobierno, al territorio nacional, al periodo presidencial, a la prohibición para ser nuevamente presidente de la República el ciudadano que lo haya desempeñado bajo cualquier título y el referente a quienes no pueden ser presidente de la República por el periodo subsiguiente.

Capítulo II. de la inviolabilidad de la Constitución

Artículo 375. Esta Constitución no pierde su vigencia ni deja de cumplirse por acto de fuerza o cuando fuere supuestamente derogada o modificada por cualquier otro medio y procedimiento distintos del que ella misma dispone. En estos casos, todo ciudadano investigado o no de austeridad tiene el deber de colaborar en el mantenimiento o restablecimiento de su efectiva vigencia.

Serán juzgados, según esta misma Constitución y las leyes expedidas en conformidad con ella, les responsables de los hechos señalados en la primera parte del párrafo anterior, lo mismo que los principales funcionarios de los gobiernos que se organicen subsecuentemente, si no han contribuido a restablecer inmediatamente el imperio de esta Constitución y a las autoridades constituidas conforme a ella. El Congreso puede decretar con el voto de la mayoría absoluta de sus miembros, la incautación de todo o parte de los bienes de esas mismas personas y de quienes se hayan enriquecido al amparo de la suplantación de la soberanía popular o de la usurpación de los poderes públicos, para resarcir a la República de los perjuicios que se le hayan causado.

Título VIII. De las Disposiciones transitorias y de vigencia de la Constitución

Capítulo I. De las Disposiciones transitorias

Artículo 376. Todas las leyes, decretos-leyes, decretos, reglamentos, ordenes y demás disposiciones que estuvieren en vigor al promulgarse esta Constitución, continuarán observándose en cuanto no se opongan a ella, o mientras no fueren legalmente derogados o modificados.

Artículo 377. El tres por ciento del Presupuesto de Ingresos netos, excluidos los préstamos y donaciones, que se asigna al Poder Judicial, será otorgado en forma gradual, en cada periodo presupuestario anual, hasta completar dicho porcentaje.

Artículo 378. Queda derogada por esta Constitución, la emitida por la Asamblea Nacional Constituyente el tres de junio de mil novecientos sesenta y cinco.

Capítulo II. De la vigencia de la Constitución

Artículo 379. Esta Constitución será jurada en sesión pública y solemne y entrará en vigencia el veinte de enero de mil novecientos ochenta y dos.

Dado en el Salón de Sesiones de la Asamblea Nacional Constituyente, en la ciudad de Tegucigalpa, Distrito Central, a los once días del mes de enero de mil novecientos ochenta y dos.

JOSÉ EFRAÍN BU GIRÓN
PRESIDENTE

Benigno Ramón Irías Henríquez
Vicepresidente

José Nicolás Cruz Torres
Vicepresidente

Marco Tulio Castillo Santos
Secretario

Juan Pablo Urrutia Raudales
Secretario

Carlos Orbin Montoya
Prosecretario

Heriberto Alcántara Mejía
Prosecretario

POR EL DEPARTAMENTO DE ATLÁNTIDA:
Marco Antonio Ponce Pagoaga
Raúl Robles Fúnez

Ela Carina Escobar de Canales
Marco Tulio Munguía Soto

POR EL DEPARTAMENTO DE CORTÉS:
Antonio Julín Méndez
Juan Fernando López Leiva
Modesto Arnaldo Chacón Soto
Jorge René Bendaña Mesa
Emilio Sosa Mancía.

Daniel David Quezada Fernández
José Dolores Gonzáles Vallecillo
Mario Enrique Prieto Alvarado
Víctor Manuel Galdamez Prieto

POR EL DEPARTAMENTO DE COLÓN:
Elías Jones Cálix

POR EL DEPARTAMENTO DE COMA-
YAGUA:
Carlos Alberto Salgado Chávez
José Amado Antonio Penit Hernández

Juan de la Cruz Avelar Leiva

POR EL DEPARTAMENTO DE CHOLUTECA:

Carlos Humberto Matamoros

Gustavo Simón Núñez

David Antonio Mendoza Lupiac

Céleo Arias Moncada

Jesús María Herrera Regalado

José Guadalupe Lardizábal S.

POR EL DEPARTAMENTO DE COPÁN:

Arturo Rendón Pineda

Gabriel Cardona Tábora

Armando Moreno Alvarado

POR EL DEPARTAMENTO DE EL PARAÍSO:

Carlos Octavio Rivas García

Ignacio Alberto Rodríguez E.

POR EL DEPARTAMENTO DE FRANCISCO MORAZÁN:

Jorge Ramón Hernández A.

Héctor Orlando Gómez C.

Alfredo Musa Jalil Salomón

Irma Lucrecia A. M. de Fortín

Juan Rafael Pineda Ponce

Modesto Rodas Baca

Mario Enrique Rivera López

Roberto Eduardo Cantero R.

POR EL DEPARTAMENTO DE GRACIAS LEMPIRA:

Napoleón Guillén Méndez

Jacobo Omar Hernández C.

POR EL DEPARTAMENTO DE GRACIAS A DIOS:

Roberto Carlos Echenique Salgado

POR EL DEPARTAMENTO DE OCOTEPEQUE:

Jorge Alberto Pineda A.

Rafael Antonio Ardón F.

POR EL DEPARTAMENTO DE INTIBUCA:

Rómulo Bueso Peñalba

Natanael Del Cid Menéndez

POR EL DEPARTAMENTO DE OLANCHO:

Francisco Berino Ruiz B.

Francisco Ernesto Hernández Lobo

León de Jesús Rivera P.

POR EL DEPARTAMENTO DE SANTA BÁRBARA:

Manfredo Fajardo Aguirre

Joaquín Medina Alvarado

Cristino Tróchez Barahona

Andrés Galindo castellanos

POR EL DEPARTAMENTO DE ISLAS DE LA BAHÍA:

Alden McClay Bennett Brooxs

POR EL DEPARTAMENTO DE VALLE:

José Elías Nazar Romero

Nelson Eddy Barralaga

POR EL DEPARTAMENTO DE LA PAZ:

Rolando Melghem Bonilla

Trinidad Cervantes G. Vda. de
Suazo

POR EL DEPARTAMENTO DE YORO:

William Franklin Hall R.

María Dilma Quezada de Martínez

Carlos Alberto Pineda M.

Vicente Murillo Durón

José Alfredo Montoya Rodríguez

POR TANTO, PUBLÍQUESE:
Tegucigalpa, D.C. 11 de enero de 1982

POLICARPIO PAZ GARCÍA
Presidente

El Secretario de Estado en los Despachos de Gobernación y
Justicia,
OSCAR MEJÍA ARELLANO

El Secretario de Estado en los Despachos de Hacienda y Crédito Público,

BENJAMÍN VILLANUEVA TABORA

El Secretario de Estado en los Derechos de Trabajo y Previsión Social, por Ley
JORGE ROBERTO MARADIAGA

El Secretario de Estado en los Despachos de Relaciones Exteriores
CESAR ELVIR SIERRA

El Secretario de Estado en los Despachos de Economía y Comercio
RUBÉN MONDRAGÓN CARRASCO

El Secretario de Estado en los Despachos de Recursos Naturales,
RODRIGO CASTILLO AGUILAR

El Secretario de Estado en los Despachos de Defensa Nacional y Seguridad Pública,
MARIO FLORES THERESÍN

El Secretario de Estado en los Despachos de Comunicaciones, Obras Públicas y Transporte,
MARIO IVÁN CASCO

El Secretario de Estado en los Despachos de Cultura y Turismo,
ARMANDO ÁLVAREZ MARTÍNEZ

El Secretario de Estado en los Despachos de Salud Pública y Asistencia Social,
JUAN ANDONIE FERNÁNDEZ

El Secretario de Estado en los Despachos de Educación Pública, por Ley,
AMILCAR RIVERA CALDERÓN

El Secretario Ejecutivo del Consejo Superior de Planificación Económica,
EFRAÍN RECONCO MURILLO

El director ejecutivo del Instituto Nacional Agrario,
EDGARDO ZÚÑIGA RODENZO

POR TANTO, PUBLÍQUESE: Tegucigalpa, D.C. 11 de enero de 1982
POLICARPIO PAZ GARCÍA Presidente
El Secretario de Estado en los Despachos de Gobernación y Justicia, OSCAR MEJÍA ARELLANO
El Secretario de Estado en los Despachos de Hacienda y Crédito Público, BENJAMÍN VILLANUEVA TABORA
El Secretario de Estado en los Derechos de Trabajo y Previsión Social, por Ley JORGE ROBERTO MARADIAGA
El Secretario de Estado en los Despachos de Relaciones Exteriores CESAR ELVIR SIERRA
El Secretario de Estado en los Despachos de Economía y Comercio RUBÉN MONDRAGON CARRASCO
El Secretario de Estado en los Despachos de Recursos Naturales, RODRIGO CASTILLO AGUILAR
El Secretario de Estado en los Despachos de Defensa Nacional y Seguridad Pública, MARIO FLORES THERESIN
El Secretario de Estado en los Despachos de Comunicaciones, Obras Públicas y Transporte, MARIO IVÁN CASCO

El Secretario de Estado en los Despachos de Cultura y Turismo, ARMANDO ÁLVAREZ MARTÍNEZ
El Secretario de Estado en los Despachos de Salud Pública y Asistencia Social, JUAN ANDONIE FERNÁNDEZ
El Secretario de Estado en los Despachos de Educación Pública, por Ley, AMILCAR RIVERA CALDERÓN
El Secretario Ejecutivo del Consejo Superior de Planificación Económica, EFRAÍN RECONCO MURILLO
El director ejecutivo del Instituto Nacional Agrario, EDGARDO ZÚÑIGA RODENZO

DECRETO N.° 189-86 El Congreso Nacional, DECRETA:
Artículo 1. Ratificar en todas y cada una de sus partes el Decreto N.° 188-85, de fecha veinticuatro de octubre de mil novecientos ochenta y cinco, que literalmente dice: «DECRETO N.° 188-85.

CONSIDERANDO: Que la Doctrina Militar y los requerimientos organizativos y operacionales de las Fuerzas Armadas, hacen aconsejable la rotación en los Mandos, por un periodo no superior a los tres años, a fin de capacitar y elevar la eficiencia profesional de la Oficialidad en servicio activo.

CONSIDERANDO: Que el aludido sistema de rotación permite, además, posibilitar mayores perspectivas de ascenso en la Escala Jerárquica del Mando, especialmente en lo que concierne a Oficiales Superiores, que llenan los requisitos legales para ocupar los más altos cargos en la referida jerarquía de Mando.

CONSIDERANDO: Que por las razones expuestas, es procedente fijar en tres años el periodo constitucional que durará en sus funciones el Comandante en Jefe de las Fuerzas Armadas de Honduras.

POR TANTO, DECRETA:

Artículo 1. Reformar el **Artículo** 279 de la Constitución de la República, en el sentido de fijar en tres años el periodo que durará en sus funciones el Comandante en Jefe de las Fuerzas Armadas, por lo que tal **Artículo** deberá leerse así: **Artículo** 279. El Comandante en Jefe de las Fuerzas Armadas deberá ser un Oficial General o Superior, con el Grado de Coronel de las Armas o su equivalente, en servicio activo, hondureño de Nacimiento, y será elegido por el Congreso Nacional de una terna propuesta por el Consejo Superior de las Fuerzas Armadas. Durará en sus funciones tres años y solo podrá ser removido de su cargo por el Congreso Nacional, cuando hubiere sido declarado con lugar a formación de causa, por dos tercios de votos de sus miembros; y en los demás casos previstos por la Ley Constitutiva de las Fuerzas Armadas. No podrá ser elegido Comandante en Jefe de las Fuerzas Armadas, ningún pariente del Presidente de la República o de sus sustitutos legales, dentro del cuarto grado de consanguinidad o segundo de afinidad.

Artículo 2. El Presente Decreto entrará en vigencia al ser ratificado por la subsiguiente Legislatura Ordinaria, en los términos prescritos por la Constitución de la República. Dado en la ciudad de Tegucigalpa, Distrito Central, en el Salón de Sesiones del Congreso Nacional, a los veinticuatro días en el mes de octubre de mil novecientos ochenta y cinco. (f.s.)

JOSÉ EFRAIN BU GIRON, PRESIDENTE. (f) MARIO ENRIQUE PRIETO ALVARADO, SECRETARIO. (f) JUAN PABLO URRUTIA RAUDALES, SECRETARIO. Al Poder Ejecutivo, Por Tanto: Ejecútese. Tegucigalpa, D.C., octubre de 1985.

ROBERTO SUAZO CORDOVA. PRESIDENTE.

AMILCAR CASTILLO SUAZO. EL SECRETARIO DE ESTADO EN LOS DESPACHOS DE DEFENSA NACIONAL, Y SEGURIDAD PÚBLICA».

Artículo 2. El presente Decreto entrará en vigencia a partir de su aprobación debiendo ser publicado en el Diario Oficial «La Gaceta». Dado en la ciudad de Tegucigalpa, Municipio del Distrito Central, en el Salón del Sesiones del Congreso Nacional, a los treinta y un días del mes de octubre de mil novecientos ochenta y seis.

CARLOS ORBIN MONTOYA Presidente
OSCAR ARMANDO MELARA MURILLO Secretario
TEÓFILO NORBERTO MARTEL CRUZ Secretario
DECRETO N.º 56-87

El Congreso Nacional DECRETA:
Artículo 1. Ratificar en todas y cada una de sus partes el Decreto N.º 16186, de fecha treinta de octubre de mil novecientos ochenta y seis, que literalmente dice:
DECRETO N.º 161-86.
CONSIDERANDO: Que corresponde al Poder Ejecutivo por medio de la Secretaría de Trabajo el control y vigilancia de las obligaciones y la ejecución de acciones públicas de coordinación conducentes a promover a los trabajadores en sus condiciones de vida y de trabajo y a prevenir los riesgos profesionales y sociales que los afectan en su seguridad o les disminuyen su capacidad de producción y de ganancia.
CONSIDERANDO: Que la Constitución de la República, en su **Artículo 246**, creo la denominación de Secretaría de Trabajo y Asistencia Social y que la misma es inadecuada al desempeño que histórica y técnicamente le corresponde a tal repartición administrativa, por cuanto sub programas legislativamente establecidos giran alrededor de los conceptos de Trabajo y Previsión Social y no de Asistencia Pública, lo cual a su vez tampoco armoniza y antes bien es antitética, con el significado de la denominación de «Trabajo».

CONSIDERANDO: Que es conveniente reformar el **Artículo** citado a fin de establecer la denominación correcta de aquella Secretaría de Estado y asegurar la ejecución normal de sus atribuciones.

POR TANTO, DECRETA:

Artículo 1. Reformar el **Artículo** 246 de la Constitución de la República, el cual deberá leerse así: «**Artículo 246.** Para la administración general del país habrá por lo menos doce Secretarías de Estado, entre las cuales se distribuirán los ramos de Gobernación y Justicia, Despacho Presidencial, Relaciones Exteriores, Economía y Comercio, Hacienda y Crédito Público, Defensa Nacional y Seguridad Pública, Trabajo y Previsión Social, Salud Pública, Educación Pública, Comunicaciones, Obras Públicas y Transporte, Cultura y Turismo, Recursos Naturales y las demás que se crearen de acuerdo con la Ley.

Artículo 2. El presente Decreto entrará en vigencia al ser ratificado por la subsiguiente legislatura ordinaria, en los términos prescritos por la Constitución de la República, debiéndose publicar en el Diario Oficial "La Gaceta". Dado en la ciudad de Tegucigalpa, Municipio del Distrito Central, en el Salón de Sesiones del Congreso Nacional a los treinta días del mes de octubre de mil novecientos ochenta y seis.

Firma y Sello. CARLOS ORBIN MONTOYA, PRESIDENTE

Firma y Sello. OSCAR ARMANDO MELARA MURILLO, SECRETARIO

Firma y Sello. TEÓFILO NORBERTO MARTEL CRUZ, SECRETARIO

Al Poder Ejecutivo. Por Tanto: Ejecútese. Tegucigalpa, D.C., 3 de noviembre de 1986. Firma.

JOSÉ SIMÓN AZCONA HOYO, PRESIDENTE. FIRMA Y SELLO.

RAUL ELVIR COLINDRES. EL SECRETARIO DE ESTADO EN LOS DESPACHOS DE GOBERNACIÓN Y JUSTICIA».

Artículo 2. El presente Decreto entrará en vigencia a partir de la fecha de su publicación en el Diario Oficial «La Gaceta». Dado en la ciudad de Tegucigalpa, Municipio del Distrito Central, en el Salón de Sesiones del Congreso Nacional, a los treinta días del mes de abril de mil novecientos ochenta y siete.

CARLOS ORBÍN MONTOYA Presidente
OSCAR ARMANDO MELARA MURILLO Secretario
TEÓFILO NORBERTO MARTEL DÍAZ Secretario
DECRETO N.º 57-87 El Congreso Nacional, DECRETA:

Artículo 1. Ratificar en todas y cada una de sus partes el Decreto N.º 58-86, de fecha veintidós de abril de mil novecientos ochenta y seis, que literalmente dice:
DECRETO N.º 56-86.
CONSIDERANDO: Que el **Artículo** 267 de la Constitución de la República establece que los organismos descentralizados del estado enviarán al Poder Legislativo, dentro de los primeros treinta días de su instalación, los respectivos anteproyecto; desglosados de presupuesto para su aprobación.

CONSIDERANDO: Que conforme dicha disposición los organismos descentralizados tendrían que presentar sus proyectos de presupuesto hasta finales del mes de febrero de cada año por lo que los mismos no podrían ser aprobados sino basta después de iniciado cada ejercicio económico.

CONSIDERANDO: Que el hecho de que los organismos descentralizados no puedan iniciar cada ejercicio económico con sus presupuestos debidamente aprobados, ocasiona a los mismos serios inconvenientes que obstaculizan gravemente su gestión financiera.

CONSIDERANDO: Que para efectos de la consolidación del Presupuesto del Sector Público, así como para lograr una efectiva coordinación entre el Gobierno Central y el sector descentralizado, resulta de urgente necesidad y conveniencia modificar el periodo de presentación de los proyectos de presupuesto de los organismos descentralizados a fin de que se presenten simultáneamente con el Proyecto del Presupuesto General de Ingresos y Egresos de la República.

POR TANTO, DECRETA:

Artículo 1. Reformar el **Artículo** 207 de la Constitución de la República, el cual se leerá así: «**Artículo** 207. Los organismos descentralizados del Estado enviarán al Poder Legislativo, dentro de los primeros quince días del mes de septiembre de cada año, los respectivos Ante-Proyectos desglosados anuales de presupuesto para su aprobaciones.

Artículo 2. El presente Decreto entrará en vigencia al ser ratificado constitucionalmente por la subsiguiente legislatura ordinaria. Dado en la ciudad de Tegucigalpa, Municipio del Distrito Central, en el Salón de Sesiones del Congreso Nacional a los veintidós días del mes de abril de mil novecientos ochenta y seis.

Firma y Sello. CARLOS ORBIN MONTOYA, PRESIDENTE;

Firma y Sello. OSCAR ARMANDO MELARA MURILLO, SECRETARIO;

Firma y Sello. TEÓFILO NORBERTO MARTEL CRUZ, SECRETARIO.

Al Poder Ejecutivo. Por tanto: Ejecútese. Tegucigalpa, D.C., 30 de abril de 1986.

Firma. JOSÉ SIMÓN AZCONA HOYO, PRESIDENTE.

Firma y Sello. RAÚL ELVIR COLINDRES. EL SECRE-
TARIO DE ESTADO EN LOS DESPACHOS DE GOBER-
NACIÓN Y JUSTICIA.»

Artículo 2. El presente Decreto entrará en vigencia a partir
de la fecha de su publicación en el Diario Oficial «La Gaceta». Dado en la ciudad de Tegucigalpa, Municipio del Distrito Central, en el Salón de Sesiones del Congreso Nacional, a
los treinta días del mes de abril de mil novecientos ochenta
y siete.

CARLOS ORBIN MONTOYA Presidente
OSCAR ARMANDO MELARA MURILLO Secretario
TEÓFILO NORBERTO MARTEL CRUZ Secretario.

Libros a la carta

A la carta es un servicio especializado para
empresas,
librerías,
bibliotecas,
editoriales
y centros de enseñanza;
y permite confeccionar libros que, por su formato y concepción, sirven a los propósitos más específicos de estas instituciones.

Las empresas nos encargan ediciones personalizadas para marketing editorial o para regalos institucionales. Y los interesados solicitan, a título personal, ediciones antiguas, o no disponibles en el mercado; y las acompañan con notas y comentarios críticos.

Las ediciones tienen como apoyo un libro de estilo con todo tipo de referencias sobre los criterios de tratamiento tipográfico aplicados a nuestros libros que puede ser consultado en Linkgua-ediciones.com.

Linkgua edita por encargo diferentes versiones de una misma obra con distintos tratamientos ortotipográficos (actualizaciones de carácter divulgativo de un clásico, o versiones estrictamente fieles a la edición original de referencia).

Este servicio de ediciones a la carta le permitirá, si usted se dedica a la enseñanza, tener una forma de hacer pública su interpretación de un texto y, sobre una versión digitalizada «base», usted podrá introducir interpretaciones del texto fuente. Es un tópico que los profesores denuncien en clase los desmanes de una edición, o vayan comentando errores de interpretación de un texto y esta es una solución útil a esa necesidad del mundo académico.

Asimismo publicamos de manera sistemática, en un mismo catálogo, tesis doctorales y actas de congresos académicos, que son distribuidas a través de nuestra Web.

El servicio de «libros a la carta» funciona de dos formas.

1. Tenemos un fondo de libros digitalizados que usted puede personalizar en tiradas de al menos cinco ejemplares. Estas personalizaciones pueden ser de todo tipo: añadir notas de clase para uso de un grupo de estudiantes, introducir logos corporativos para uso con fines de marketing empresarial, etc. etc.

2. Buscamos libros descatalogados de otras editoriales y los reeditamos en tiradas cortas a petición de un cliente.